NICOLAS II ET SA FAMILLE
L'ALBUM DU SOUVENIR

NICOLAS II ET SA FAMILLE
L'ALBUM DU SOUVENIR

DOMINIQUE PAOLI ET CYRILLE BOULAY
PREFACE DE S.A.I. LE GRAND-DUC WLADIMIR DE RUSSIE

FLAMMARION

Conception graphique :
Fabrice Pernisco et Associés

© Editions Flammarion, Paris, 1992
Tous droits réservés
Dépot légal : mars 1992
ISBN : 2-08-012166-9
N° d'édition : 0352

Au moment où Dominique Paoli et Cyrille Boulay *réalisent cet album de famille*
qui retrace avec une très belle iconographie la vie de notre dernier tsar, Nicolas II, cousin germain de mon père,
la Russie vit des moments historiques et tente de retrouver ses valeurs traditionnelles.
Rattraper soixante-dix ans d'obscurantisme est une tâche rude et le peuple russe aura besoin
de beaucoup de foi et de courage pour surmonter les épreuves qui l'attendent.
La soif de son histoire, le besoin de redécouvrir des valeurs individuelles, culturelles et spirituelles
sont aujourd'hui une aspiration de notre peuple.
L'évocation par l'image et par le texte des moments d'intimité de la Famille impériale,
dont le souvenir m'est extrêmement cher, constitue de véritables instants d'émotion.
Je suis particulièrement heureux de m'associer à cet ouvrage, non seulement pour témoigner de l'importance de ces
valeurs mais aussi pour saluer les efforts de Nicolas II, brutalement interrompus par la révolution,
de faire résolument entrer la Russie parmi les puissances modernes.

Paris, le 28 octobre 1991
Son Altesse Impériale le grand-duc Wladimir Kyrillovitch de Russie

LES AUTEURS

Dominique Paoli
*après des études d'Histoire à la Sorbonne,
est devenue journaliste. Elle a collaboré vingt ans
au magazine* Point de Vue Images du Monde,
*où elle a dirigé le service historique.
Actuellement, elle écrit dans plusieurs revues
d'histoire et prépare une biographie de Clémentine,
princesse Napoléon, à paraître chez Duculot.*

Cyrille Boulay
*collectionneur, a organisé plusieurs expositions
sur l'impératrice Elisabeth d'Autriche
et les Habsbourg. Il est spécialisé dans l'iconographie
et l'histoire des familles royales,
et s'intéresse particulièrement aux Romanov.
Il a réalisé en janvier 1992 une exposition
sur Nicolas II.*

AVANT-PROPOS

Le destin de la Famille impériale de Russie m'a toujours passionné et il me tenait à cœur de faire un livre sur ce sujet. Ayant eu récemment l'occasion d'acquérir un album de photos vraisemblablement prises par la grande-duchesse Olga Alexandrovna, sœur de Nicolas II, je peux aujourd'hui réaliser mon vœu.

A travers ces documents, nous sommes les observateurs privilégiés de scènes infiniment émouvantes, pleines de richesse de sentiment et empreintes d'une grande simplicité. Ainsi nous est révélé le côté intime de la vie quotidienne des souverains et de leur entourage. Pour compléter ce précieux témoignage, resté trop longtemps dans l'ombre, il m'a semblé intéressant d'ajouter certaines images de manifestations officielles: le contraste obtenu est pour le moins frappant.

L'ensemble constitue un commentaire vivant de cette page d'histoire que fut la vie du dernier tsar de toutes les Russies, avec en filigrane, le massacre d'Iekaterinbourg.

Ce livre n'aurait jamais vu le jour sans l'aide précieuse de Dominique Paoli. Elle sut à sa manière, par son texte, faire ressortir le charme de ces vieilles photos, redonnant vie, l'espace d'un instant, au passé.

Je souhaite que cet album de famille touche le lecteur avec une émotion semblable à celle que j'éprouvai, le jour où je découvris chacun des membres de cette famille sous sa véritable personnalité...

Cyrille Boulay

NAISSANCE D'UNE FAMILLE

NICOLAS II ET ALEXANDRA, derniers souverains de Russie, ont laissé le souvenir d'un couple résolument tourné vers la vie de famille. Les documents présentés dans ce livre en sont le reflet évident. Mais ils montrent également quelle place la photographie occupait dans le quotidien du tsar et de la tsarine: on trouve au moins un album d'instantanés sur chaque table du boudoir de l'impératrice. En fait pour les familles royales européennes de cette fin du XIXe siècle, l'invention de Niepce représente l'économie d'interminables séances de pose devant les peintres de Cour. Et puis, il y a là quelque chose de nouveau, de magique qui les enchante.

Dès leurs fiançailles, Nicolas et Alexandra vont en prendre conscience. L'occasion est, il faut le dire, tout à fait propice. Une partie de l'Europe couronnée est réunie à Cobourg pour le mariage de la toute jeune Victoria Melita de Saxe-Cobourg-Gotha et du grand-duc Ernest-Louis de Hesse, frère aîné d'Alexandra. Les futurs époux sont cousins germains. Leur grand-mère commune, la célébrissime Victoria, reine de Grande-Bretagne et impératrice des Indes, s'est déplacée personnellement avec le prince de Galles. L'empereur d'Allemagne, Guillaume II, n'a pas non plus manqué le rendez-vous. Lui aussi est un petit-fils de Victoria. En tout, une trentaine de personnes se retrouvent en famille et, au milieu de tant d'événements heureux, des noces et des fiançailles, l'idée d'une photo s'impose au futur Edouard VII.

Nicolas et Alexandra garderont de ces journées d'avril 1894 où ils se sont engagés "pour la vie", puis de leur séjour au chateau de Windsor, deux mois plus tard, un souvenir enchanteur. Leur amour réciproque n'en est pas la seule cause. Tous deux apprécient la simplicité de la Cour, les attentions de la reine.

"Je n'ai pas lieu de me plaindre, écrit Nicolas à sa mère, Granny est très affectueuse et même elle nous permet d'aller en promenade sans chaperon." Victoria a eu la délicatesse de réserver trois jours en tête à tête aux jeunes fiancés dans une ravissante maison de campagne, sur la Tamise, lors de l'arrivée du tsarévitch. Des retrouvailles qui ont été pour le jeune homme une véritable initiation à la vie britannique.

Sa fiancée, en revanche, connaît bien l'Angleterre. Orpheline de mère à six ans, elle a été en partie élevée par sa grand-mère maternelle. Profondément touchée par la disparition de sa fille Alice, en 1878, Victoria a reporté toute son affection sur sa benjamine, Alix, une enfant perturbée et solitaire. Très tournée vers la vie de famille, la reine en a inculqué le principe à la future tsarine. Elle a même espéré lui voir épouser le fils aîné des princes de Galles, héritier du trône en second, Eddy, duc de Clarence, mais la jeune fille s'est dérobée et le jeune homme s'est fiancé à Mary de Teck. Victoria a ensuite favorisé l'idylle d'Alix et de Nicolas.

Rebaptisée Alexandra pour devenir impératrice de Russie, la nouvelle tsarine possède un trait de caractère déterminant dans ses futurs choix de vie: la timidité. Elle ne s'en guérira jamais et passera pour quelqu'un de hautain. Certains de ses biographes la décrivent comme une enfant dont la gaîté et une certaine exubérance auraient été complètement anihilées par le choc de la mort de sa mère. Quoi qu'il en soit, Alexandra ressemble sur ce point à son époux, de toute évidence écrasé par la stature morale et physique de son père, le tsar Alexandre III.

Quelles impressions Nicolas II a-t-il gardé de ses jeunes années? Au tout début, il semble qu'en digne fille d'un roi démocratique, Christian IX de Danemark, la tsarine Maria, sa mère, se soit occupée elle-même de ses enfants, leur donnant leur bain, jouant avec eux, tous complices devant la sévérité paternelle. Mais, de plus en plus absorbée par ses fonctions officielles, elle s'est éloignée progressivement de la nurserie. Selon sa plus jeune fille, la grande-duchesse Olga, elle se conduisait toujours comme une impératrice, même lorsqu'elle pénétrait dans le domaine des plus petits.

Assez tôt, Nicolas, ses frères et sœurs, avaient pu prendre leur repas de midi à la table paternelle. Mais, là encore, les choses n'étaient pas simples. Servis en dernier, après tous les convives, ils devaient quitter la table au moment où le tsar, ayant terminé, se levait. La plupart du temps, ils n'avaient guère pu manger et sortaient affamés. Un jour, Nicolas avait tellement l'estomac vide qu'il se jeta sur sa croix de baptême, un bijou en or que l'on avait rempli de cire d'abeille dans laquelle était pris un fragment de la vraie croix. Il avala le contenu dans son intégralité, relique comprise. Seule Olga fut mise dans le secret et reçut en confidence les impressions de son frère: "C'était immoralement bon."

Du partage de sa chambre avec son frère cadet George, Nicolas gardait le meilleur souvenir tout comme des séjours à la Cour de Danemark. C'était une tradition fort agréable que ces retrouvailles annuelles chez le roi Christian IX. Si Victoria était "la grand-mère de l'Europe", le souverain danois n'avait pas volé le titre de "beau-père". L'aînée de ses filles, Alexandra, avait épousé le futur Edouard VII; son deuxième fils, Guillaume, régnait en Grèce sous le nom de Georges Ier, sa fille Dagmar s'était unie au tsar Alexandre III. Venaient ensuite une alliance avec la Maison de Hanovre et enfin celle du prince Valdemar et de la princesse Marie d'Orléans

Dans l'univers privé et détendu du château de Fredensborg, on retrouvait "Apapa" et "Amama", c'est-à-dire le roi Christian et la reine Louise. Loin des obligations officielles, entourés seulement de leurs pairs, tous ces souverains pouvaient enfin abandonner leur visage de représentation. Une atmosphère d'insouciance où les adolescents s'en donnaient à cœur joie: tous cousins, ils laissaient parler leurs affinités et formaient des bandes endiablées.

Cobourg, avril 1894.
Le premier portrait officiel des fiancés, Alix et Nicolas. Ils sont venus chez les ducs de Saxe-Cobourg-Gotha, Alfred de Grande-Bretagne et Marie de Russie, pour le mariage de leur fille, Victoria Melita, et s'y sont engagés "pour la vie".

Printemps 1897.
Une deuxième fille, Tatiana, est venue rejoindre Olga, née à l'automne 1895.

Promenade familiale en calèche,
*quelques semaines après la naissance
d'Anastasia. Elles sont maintenant quatre sœurs
avec Maria née en juin 1899.
Légende officielle de la photographie :
"Les Augustes Enfants de Leurs Majestés".*

L'impératrice *veille particulièrement à l'éducation de ses filles. Elle ne tolère ni le désordre, ni l'inactivité, mais admet les difficultés que les grandes-duchesses rencontrent dans leurs études. Seule Olga montre des dispositions.*

Adorable Anastasia.
Elle a le don de dérider son entourage. Par un retour du destin, son nom deviendra le centre d'une triste et célèbre affaire dans les années 1920.

Ce serait l'image du bonheur *parfait si l'ombre de l'hémophilie ne planait pas sur le tsarévitch. Des traits délicats, des cheveux d'un châtain cuivré, de grands yeux gris bleu rappelant ceux de sa mère, Alexis est un enfant d'une beauté remarquable.*

La cueillette des champignons *en forêt de Biélovèje, dans le Caucase. Nicolas II s'amuse parfois à faire, sur un feu improvisé, une fricassée au vin, dans une gamelle en fer, avec le produit de la récolte.*

Quatre grandes-duchesses, *quatre sœurs réunies sous le sigle O.T.M.A. Chacune reçoit quarante-cinq francs d'argent de poche par mois. Ainsi peuvent-elles acheter leurs parfums préférés de Coty : "Rose-thé" pour Olga, "Jasmin de Corse" pour Tatiana, "Lilas" pour Maria et "Violette" pour Anastasia.*

La grande-duchesse Maria.
En 1916, malgré son précédent échec auprès d'Olga, le prince Carol de Roumanie demandera au tsar la main de sa troisième fille. Une proposition que Nicolas II jugera prématurée.

Un lien très fort
unit Alexandra à son fils. Lorsque le tsarévitch est en bonne santé, ils passent la matinée ensemble, déjeunent en tête-à-tête.

Le couple impérial dans l'intimité.
Les séparations donnent lieu à un échange de télégrammes incessant, à de nombreux appels téléphoniques. Nicolas et Alexandra peuvent difficilement vivre l'un sans l'autre.

Ce geste tendre trahit l'affection *privilégiée qu'Alexandra et Tatiana se vouent l'une à l'autre. Nulle mieux que sa deuxième fille ne sait entourer la tsarine de soins et d'attentions.*

Ainsi, que ce soit Nicolas ou Alexandra, chacun a goûté, de son côté, aux charmes de la vie familiale et en a subi l'attrait. Mais ce qui va permettre au couple d'en faire une réalité, c'est son entente exceptionnelle. Depuis près d'un siècle, les critiques et les témoignages d'admiration se sont succédé : un fait demeure cependant indéniable, le tsar et la tsarine ont connu une réussite conjugale hors du commun. Peut-être repose-t-elle sur une conjugaison de "défauts" : faiblesse de Nicolas II, forte volonté d'Alexandra? Peut-être fut-elle partiellement la cause de la chute de la monarchie? Quoi qu'il en soit, elle tranche sur la mentalité de l'époque, à la Cour de Russie comme dans la plupart des familles royales d'Europe. En Angleterre, le prince de Galles, bientôt Edouard VII, trompe ouvertement son épouse, la patiente Alexandra; en Belgique, Léopold II et Marie-Henriette d'Autriche ne forment qu'un couple de façade, mènent des vies séparées; chez les Habsbourg, l'impératrice Elisabeth continue son éternelle itinérance, laissant à Katherine Schratt le soin de consoler l'empereur François-Joseph.

Quelques souverains échappent à la règle, mais ils sont rares. Des unions de raison, des mœurs qui jettent de toutes jeunes princesses complètement ignorantes de la vie dans les bras de maris habitués aux étreintes faciles, ne constituent pas un excellent point de départ et provoquent souvent de cruelles désillusions. Nicolas et Alexandra, bien au contraire, ont fait un mariage d'amour. Il n'est un secret pour personne que leur nuit de noce les a comblés de bonheur. Dès ce moment leur entente a été scellée et les enfants venus régulièrement agrandir le cercle familial l'ont consacrée.

Pourtant, le tsar a dû résoudre un problème classique: le désaccord permanent entre sa mère et son épouse. La tsarine Maria jouit, il faut le reconnaître, d'une position très privilégiée. L'étiquette russe prévoit que l'impératrice douairière passe avant sa belle-fille dans les manifestations officielles. C'est donc elle qui donne le bras à Nicolas II lorsque la famille impériale fait son entrée, Alexandra étant reléguée au deuxième rang. Comme Maria adore les mondanités, elle assiste à toutes les célébrations, toutes les fêtes, tous les bals de la saison. Son aisance, son art de communiquer avec autrui, sa gaîté font ressortir le côté emprunté de sa bru. Et puis, pendant les premiers temps de son règne, Nicolas passe souvent ses soirées auprès de sa mère, voulant ainsi compenser la disparition d'Alexandre III et recueillir un avis autorisé sur la conduite des affaires de l'Etat. Si l'on en croit sa fille Olga, Maria, depuis son veuvage, se passionne pour la politique et la diplomatie, étudie les dossiers, s'entretient avec les ministres et les ambassadeurs. Elle ira même jusqu'à révoquer de hauts fonctionnaires.

Comble de malchance pour Alexandra, sa belle-mère, très attachée aux toilettes et aux bijoux, n'entend pas se séparer des magnifiques pièces qui constituent les joyaux de la couronne. Or, la tradition veut que certains d'entre eux soient transmis d'une impératrice à l'autre et "le protocole exige qu'Alexandra les porte dans les occasions solennelles". Blessée par l'attitude de sa belle-mère, la jeune tsarine décide que si elle ne dispose des parures que pour les soirées officielles, "elle refusera désormais de les porter". Devant le risque d'un scandale public, Maria finira par céder.

Pages précédentes:
1902. Partie de chasse à Skernevitz
pour le couple impérial et son
entourage. Carte postale russe.

2

TSARSKOIE SELO, UN REFUGE

UNE DÉCISION DU TSAR va considérablement arranger la situation entre les deux tsarines. Depuis leur mariage, Nicolas et Alexandra habitent le palais Anitchtov, résidence d'Alexandre III et de Maria à Saint-Pétersbourg, le Palais d'Hiver, construit sur les ordres de l'impératrice Elisabeth, fille de Pierre le Grand, manquant très nettement d'intimité. C'est pourtant là que le jeune couple va trouver refuge après y avoir fait installer des appartements privés; mais ce n'est qu'une étape: le vrai foyer, ils l'établiront à Tsarskoïe Selo, résidence située à une vingtaine de kilomètres au sud de Saint-Pétersbourg.

Pour comprendre ce qu'est, en traduction littérale, le "village du tsar", il faut remonter le temps. En 1752, l'impératrice Elisabeth voulut faire ériger, sur les lieux qu'affectionnait sa mère, "un palais qui fît oublier Versailles". Quarante ans plus tard, la Grande Catherine décida d'adjoindre à cette grandiose réalisation un second palais plus intime pour son petit-fils affectionné, le futur Alexandre Ier. Là ne peut s'arrêter la description, car près des deux bâtiments principaux prennent place une série de petites constructions, de monuments, d'arcs de triomphe, d'obélisques. Et le tout, dans deux grands parcs réunis, constitue un ensemble indépendant sur lequel veillent, jour et nuit, des cosaques portant tuniques écarlates, bonnets de fourrure et hautes bottes. Un bain turc, "peint en rose", un ermitage, une grotte, une pagode chinoise rouge et or, des bosquets de lilas, des chemins sinueux, voilà qui faisait de Tsarskoïe Selo, selon Gleb Botkine, fils du médecin de la Cour, "un monde à part, un royaume des fées, un asile enchanté".

Le Suisse Pierre Gilliard, précepteur des grandes-duchesses et du tsarévitch Alexis, rapportera dans ses Mémoires: "La famille impériale avait l'habitude de passer l'hiver à Tsarskoïe Selo, jolie petite ville de villégiature... Elle est située sur une éminence dont la partie la plus élevée est occupée par le Grand Palais, séjour favori de Catherine II. Non loin de là, dans un parc semé de petits lacs artificiels, s'élève, à demi-caché par les arbres, une construction beaucoup plus modeste, le palais Alexandre. L'empereur Nicolas II en avait fait sa résidence habituelle après les tragiques événements de janvier 1905."

Le tsar et la tsarine habitent au rez-de-chaussée, dans l'une des ailes. Leurs enfants sont au-dessus. Le corps central comprend les salles d'apparat. Quant à l'autre aile, elle est réservée à quelques personnes de la suite. Le palais Alexandre compte tout de même une centaine de pièces, mais par rapport aux autres demeures de Saint-Pétersbourg ou de Moscou, il peut être considéré comme "modeste". Les appartements privés des tsars sont composés d'une dizaine de pièces, partiellement séparées par une galerie centrale : salon, petite bibliothèque-salle à manger, grande bibliothèque, cabinets de travail de Nicolas II et d'Alexandra et surtout deux boudoirs, l'un rouge où l'on prend parfois les repas, et l'autre de couleurs lilas. Dans ce dernier, tout est tapissé ou peint de la couleur favorite de la tsarine. C'est son lieu de prédilection. Seuls les intimes peuvent pénétrer en ce saint des saints.

Deux salles de bains et des garde-robes complètent l'ensemble. Il n'y a qu'une chambre à coucher. Elle est commune aux deux souverains et contient deux lits, placés l'un contre l'autre, ce qui permet au tsar, assez matinal, de se lever sans réveiller son épouse. "La vie y avait un caractère plus intime que dans les autres résidences, écrit Pierre Gilliard. La suite, à part la demoiselle d'honneur de service et le commandant du régiment chargé de la garde personnelle de l'empereur, n'habitait pas au palais, et la famille, à moins de visites de parents, prenait en général ses repas seule et sans le moindre apparat."

Chaque fois qu'il le peut, Nicolas II s'arrache à ses nombreux dossiers et rejoint sa famille. L'après-midi le voit dans le parc avec l'un ou l'autre de ses enfants. Autres interruptions de travail : le thé avec l'impératrice, le dîner et la fin de la soirée, souvent consacrée à la lecture à haute voix. De son côté, Alexandra s'occupe activement de ses filles. Elle assiste à leurs leçons, écoute, depuis son boudoir, leurs progrès au piano, ou bien brode en leur compagnie. Mais son état de santé, sciatiques répétées, troubles cardiaques, graves problèmes de circulation sanguine, ne lui permet pas de les suivre à l'extérieur. Le matin, elle doit se reposer et lorsqu'elle a envie de prendre l'air, c'est souvent le tsar qui pousse sa petite voiture roulante.

Des gouvernantes veillent étroitement sur les grandes-duchesses qui partagent leurs chambres deux par deux. Elles sont nées : Olga en 1895, Tatiana en 1897, Maria en 1899 et Anastasia, la plus célèbre, en 1901. Pour toutes les quatre, un même régime spartiate : lits de camp sans oreillers et bains froids, coutume très en vogue au XIXe siècle, en Europe, chez les enfants royaux. Devenues des jeunes filles, elles auront droit à l'eau chaude et aux parfums, elles décoreront d'une manière plus féminine leur coin personnel, mais elles continueront à n'avoir qu'une baignoire pour quatre.

Au demeurant, cette communauté ne semble guère les gêner. Bien au contraire, elles l'affirmeront en adoptant "un monogramme commun formé des initiales de leurs quatre prénoms, O.T.M.A.". Quant à leurs robes et à leurs bijoux, ils appartiennent aussi à la collectivité.

A l'intérieur du groupe chacune conserve cependant sa personnalité. Olga, intelligente, spontanée et douée d'un grand sens de la répartie, passe pour être "timide et docile". D'un naturel indépendant, elle ne manque ni de douceur ni de bienveillance. Elle ressemble beaucoup à son père. Ses cheveux sont d'un châtain tirant sur le blond et ses yeux bleus. Elle se laisse facilement dominer

La salle des portraits *du palais Alexandre marque la fin des salons d'apparat. Au-delà, par une pièce intime et une bibliothèque, on accède aux appartements privés des souverains.*

Toujours dans les appartements *privés du palais Alexandre, le salon d'angle renferme un tableau du peintre Bataille: Retour de Cosaques de l'exercice, et une tapisserie d'après Madame Vigée-Lebrun: Marie-Antoinette et ses enfants.*

Une scène de l'intimité : *Alexandra assise sur le bureau de Nicolas. Les souverains se réservent chaque jour des moments en tête à tête.*

Anastasia dans la chambre *de ses parents. Cette pièce est entièrement tendue de soie imprimée rose, les deux lits sont surmontés d'un baldaquin de même tissu. Au fond, on aperçoit des petits portraits de famille, des icônes.*

Dans le boudoir rouge, *garni de meubles de palissandre, on se retrouve à 8h30 pour prendre le petit déjeuner en famille. Le tsar se contente d'un thé au lait, de biscottes et de petits pains.*

Au premier étage *se trouvent les appartements des enfants. Ici, dans la salle de classe, Anastasia étudie sagement. Quelquefois Alexis, échappant à ses "surveillants", surgit, tout fier de venir troubler ses sœurs.*

Le boudoir lilas.
*C'est là que
l'empereur vient
rejoindre son épouse
pour lire les
journaux:
lui, en russe,
elle en anglais.
Ensemble ils font
leurs commentaires.
C'est là aussi que,
vers 17h, on sacrifie
au rite du thé.*

**Canotage
sur l'un des lacs** *artificiels de
Tsarskoïe Selo.
Anastasia et Alexis
sont sous la bonne
garde du matelot
Derevenko.
Cet ancien marin
est chargé de veiller
sur le tsarévitch.*

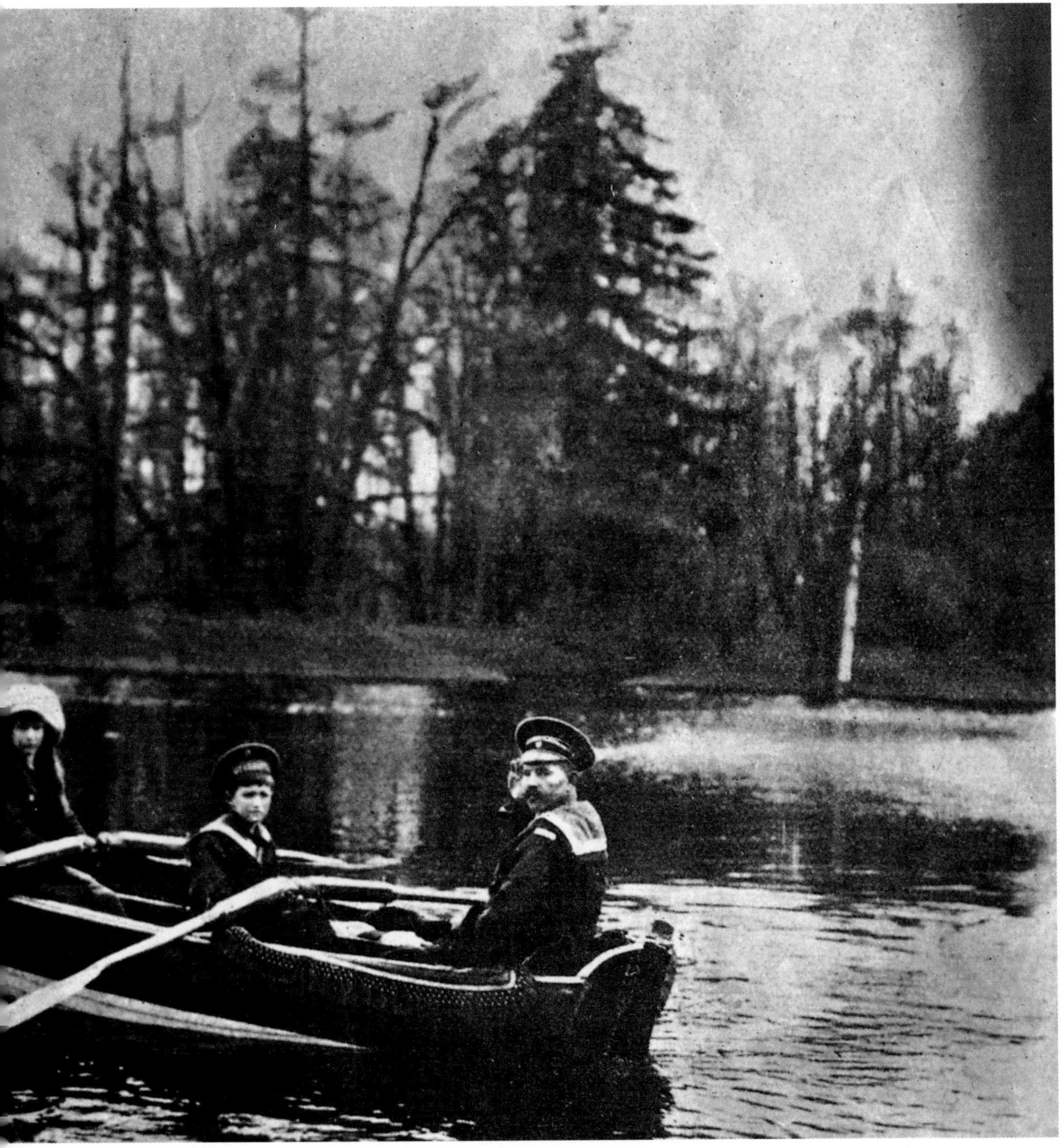

Lorsque le couple impérial
réside à Saint-Pétersbourg, il habite les appartements privés
du palais d'hiver, sur les bords de la Neva.
En 1946, cette immense demeure deviendra le musée
de l'Ermitage.

Un moment de détente
dans le parc avec son épouse et son fils pour le tsar
de toutes les Russies. La scène fait plutôt penser
à une promenade de famille bourgeoise.

Nicolas II
réserve dans son emploi du temps des moments consacrés exclusivement à ses enfants. Ici dans le parc avec Alexis.

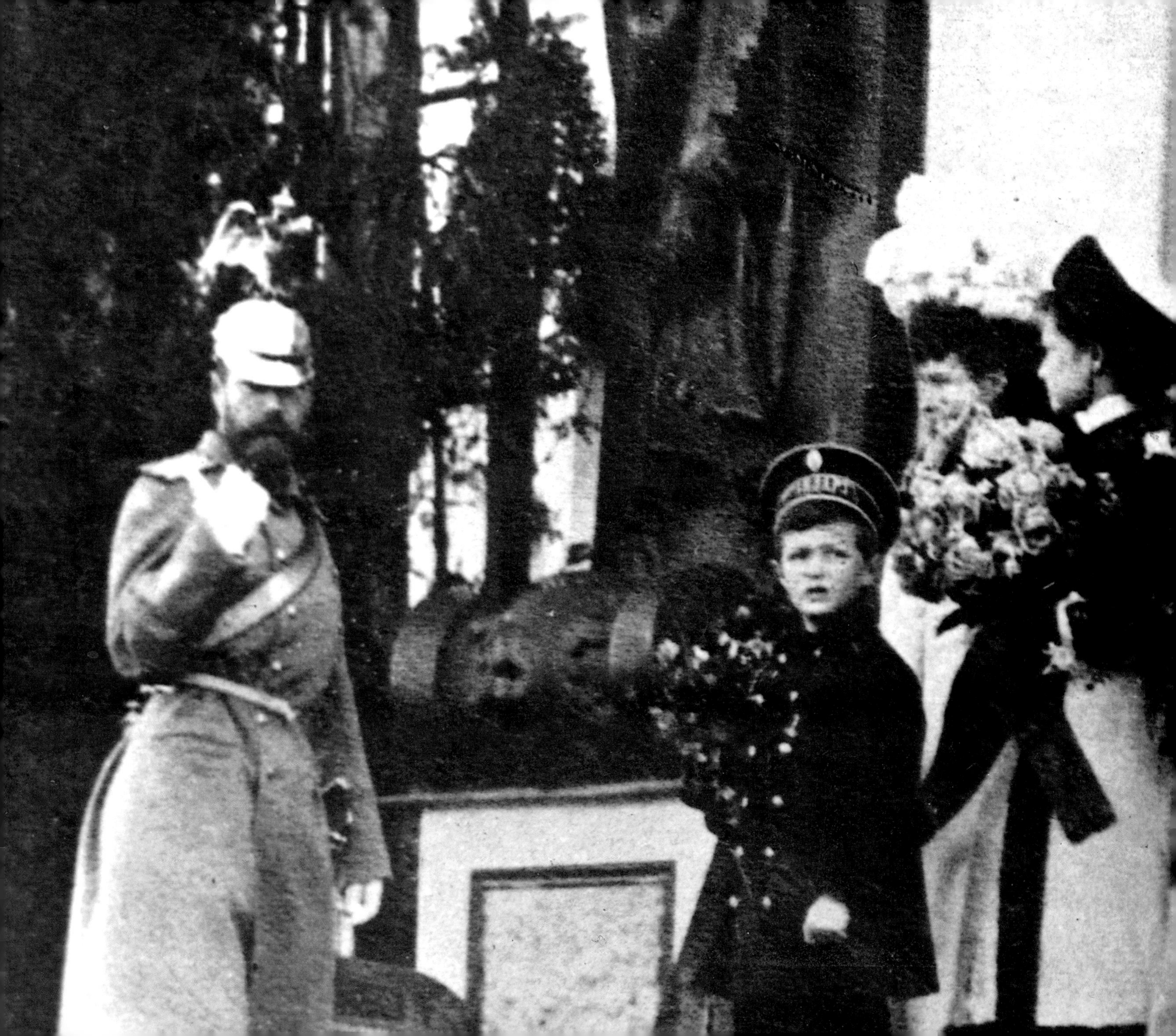

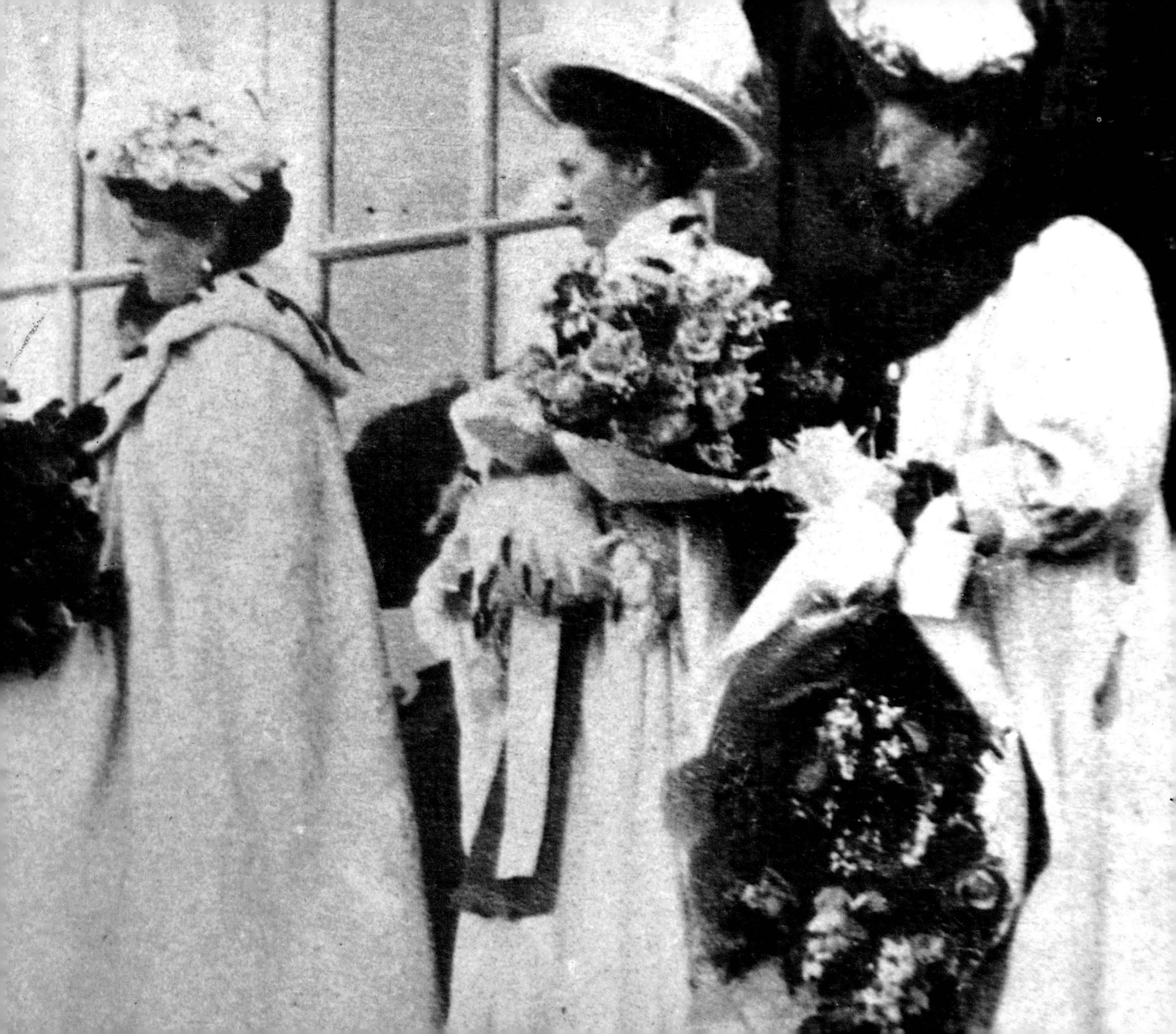

par sa cadette, la princesse Tatiana.

De toute évidence, la forte personnalité, c'est Tatiana. On la dit proche de la tsarine qu'elle entoure, en public, "de mille prévenances". Grande, svelte, belle, brillante, elle éclipse sa sœur aînée. Ses cheveux d'un brun doré, ses yeux gris, son élégance naturelle lui confèrent une aura que viennent renforcer assurance, énergie et sens de l'organisation. Tout la désigne pour être le chef du "clan": ses frère et sœurs l'ont surnommée "la gouvernante". A elle les décisions importantes, à elle les missions spéciales auprès du tsar pour obtenir une "faveur particulière".

Maria, la troisième, apparaît nettement comme la plus mignonne. Une santé florissante lui vaut des joues roses, un physique potelé, de grands yeux clairs que l'on appelle dans la famille "les soucoupes de Maria". Ses goûts simples, son bon cœur, en font la complaisance même. On l'a surnommée "le bon gros toutou". Son rêve: se marier et avoir des enfants. Elle est la plus coquette des quatre sœurs.

La dernière, bien sûr, c'est Anastasia. Son trait de caractère dominant: l'espièglerie. Imitatrice née, elle incarne la gaîté, joue bien la comédie, est très douée pour les langues. Sa position de benjamine lui a valu d'être une enfant terrible mais elle s'est peu à peu corrigée. Son surnom "Sunshine", "rayon de soleil", lui a été donné en corrélation avec celui de sa mère "Sunny". Petite, la taille un peu courte, elle adore grimper au plus haut des arbres et se conduit en garçon manqué.

Nul mieux que Pierre Gilliard n'a décrit ce séduisant quatuor: "En somme, ce qui faisait le charme assez difficile à définir de ces quatre sœurs, c'était leur grande simplicité, leur naturel, leur fraîcheur et leur instinctive bonté." Habituées à être appelées par leur prénom suivi de Nicolaïevna, elles se montrent stupéfaites et embarrassées lorsqu'en public on leur donne leur titre... En revanche, elles sont les premières à s'intéresser à ceux qui évoluent quotidiennement autour d'elles, domestiques, cosaques de l'escorte du tsar, membres de la suite impériale.

Pages précédentes:
Devant le palais Catherine de
Tsarskoïe Selo, à la droite d'Alexis,
la tsarine Maria, sa grand-mère.
Nicolas est en tenue de régiment
de gardes à cheval.

3

ALEXIS OU LE DRAME DE L'HEMOPHILIE

Le meilleur de leur affection, les quatre grandes-duchesses le réservent à leurs parents et à leur jeune frère. «Leur mère, qu'elles adoraient, était en quelque sorte infaillible à leurs yeux, écrit toujours Pierre Gilliard... Elles étaient pleines de prévenance exquise pour elle. D'un commun accord et de leur propre initiative, elles s'étaient arrangées de manière à ce que chacune d'elles à tour de rôle fût "de jour" auprès de leur mère, et lui tînt compagnie. Quand l'impératrice était souffrante, celle qui remplissait ce devoir filial se privait ainsi de toute sortie.

«Leurs rapports avec l'empereur étaient charmants. Il était à la fois pour elles l'empereur, leur père et un camarade.»

Reste celui vers lequel converge tout l'amour de la famille, le tsarévitch. Pendant dix longues années, Nicolas et Alexandra ont attendu la venue d'un fils. La petite histoire veut même que, lors de la naissance d'Anastasia, le tsar ait éprouvé le besoin de sortir dans le parc pour pouvoir reprendre le contrôle de lui-même, avant d'aller embrasser chaleureusement son épouse, tant sa déception était grande. En 1904, leurs vœux ont enfin été exaucés. Alexis est venu au monde; mais très vite, hélas, il a fallu se rendre à l'évidence : l'enfant est hémophile.

Une telle maladie ne peut que bouleverser la vie d'une famille. Chez le dernier tsar, cela va tourner à l'obsession. Le fardeau est lourd, trop lourd. Une inquiétude permanente habite le couple impérial. Alexis est à la merci du moindre coup, de la moindre chute. Lorsqu'une hémorragie, en général intra-articulaire, se déclare, les souffrances deviennent de jour en jour plus intolérables. Et les parents, les médecins, l'entourage sont impuissants... A l'instar du roi des Belges Léopold II qu'on traitait un jour d'homme heureux et qui répondit: "Heureux, moi! j'ai perdu mon fils!", Nicolas II pourrait dire : "Heureux, moi ! mon seul fils est hémophile ! Pourra-t-il régner un jour ?"

Plus que jamais, la solidarité familiale va jouer un rôle capital. Ce sera le complot de l'affection. Cajolé, couvé, protégé au maximum, Alexis captive ceux qui l'entourent. Pendant les premières années, on attache à son service des nourrices qui ne le quittent "pas une seule minute". Puis deux matelots de la marine impériale, Nagorny et Derevenko, lui serviront à la fois de gardes du corps et de compagnons de jeux. Ils doivent surtout veiller à ce qu'il ne se heurte pas. Mais c'est là une tâche d'autant plus difficile qu'il est plein de vitalité. Tant de choses lui sont interdites car jugées trop violentes. Tant d'enfants, comme ses cousins, écartés car jugés trop brutaux.

Pierre Gilliard, devenu l'un de ses précepteurs, aura le courage de dire aux souverains qu'il vaudrait mieux habituer Alexis à prendre ses propres responsabilités. C'est à lui de connaître les risques qu'il court et de s'en protéger. Chez cet enfant rendu capricieux par trop d'attentions, Gilliard a découvert beaucoup de cœur, de générosité. Il serait dommage de les gâcher. Le tsar et la tsarine, faisant confiance au précepteur, acceptent de prendre le risque. Il y aura des accidents, mais le couple impérial persévèrera dans cette voie.

A la vérité, celle qui souffre le plus de la situation, c'est Alexandra. La chose est facile à comprendre : l'hémophilie vient de son côté. Elle en est porteuse.

Etrange maladie, connue depuis l'Antiquité, qui, transmise par les femmes, atteint surtout les hommes. Son principe de base : la non-coagulation du sang. Au XIXe siècle, Victoria de Grande-Bretagne l'a donnée à plusieurs de ses descendants. Son plus jeune fils, Léopold, en est atteint. Par ses deux filles, Alice et Béatrice, trois familles royales en seront victimes : la Russie, la Prusse et l'Espagne, sans oublier le grand-duché de Hesse-Darmstadt.

Un tel héritage culpabilise la tsarine. Son sens moral, son caractère plutôt exalté la conduisent à se torturer. Très croyante, elle va chercher refuge dans la religion et dans son corollaire presque inévitable, les faiseurs de miracle. Ainsi Alexandra fera-t-elle appel à Raspoutine. Parallèlement, le couple s'efforcera de cacher la maladie du tsarévitch, provoquant une incompréhension chez ses sujets. Ainsi dit-on volontiers que la tsarine est plus mère qu'impératrice. Dans leur "monde à part", Nicolas et Alexandra ne se rendent pas compte que le choix d'une vie familiale qu'ils ont fait dès le début de leur mariage est en train de les perdre, que cela provoque les critiques des personnes qu'ils ont voulu fuir.

Dès ses premières années, *Alexis montre des dispositions pour les jeux de scène. Il adore se déguiser et improviser.*

Comme tous les hémophiles, *le tsarévitch redouble de vitalité lorsqu'il est guéri. Un danger qu'a très bien compris le matelot Derevenko.*

Les jeux d'Alexis.
*Peu d'enfants peuvent les partager. Ce sont surtout les fils
du matelot Derevenko.
Ci-dessus, l'un d'entre eux avec le tsarévitch.*

En Finlande, profitant d'une escale,
Alexis et les mousses du "Standart" se livrent très sérieusement à des excercices militaires sous le commandement d'un officier.

Puis ils défilent au pas cadencé...

**Et enfin rompent
les rangs**
*dans le plus grand
désordre!*

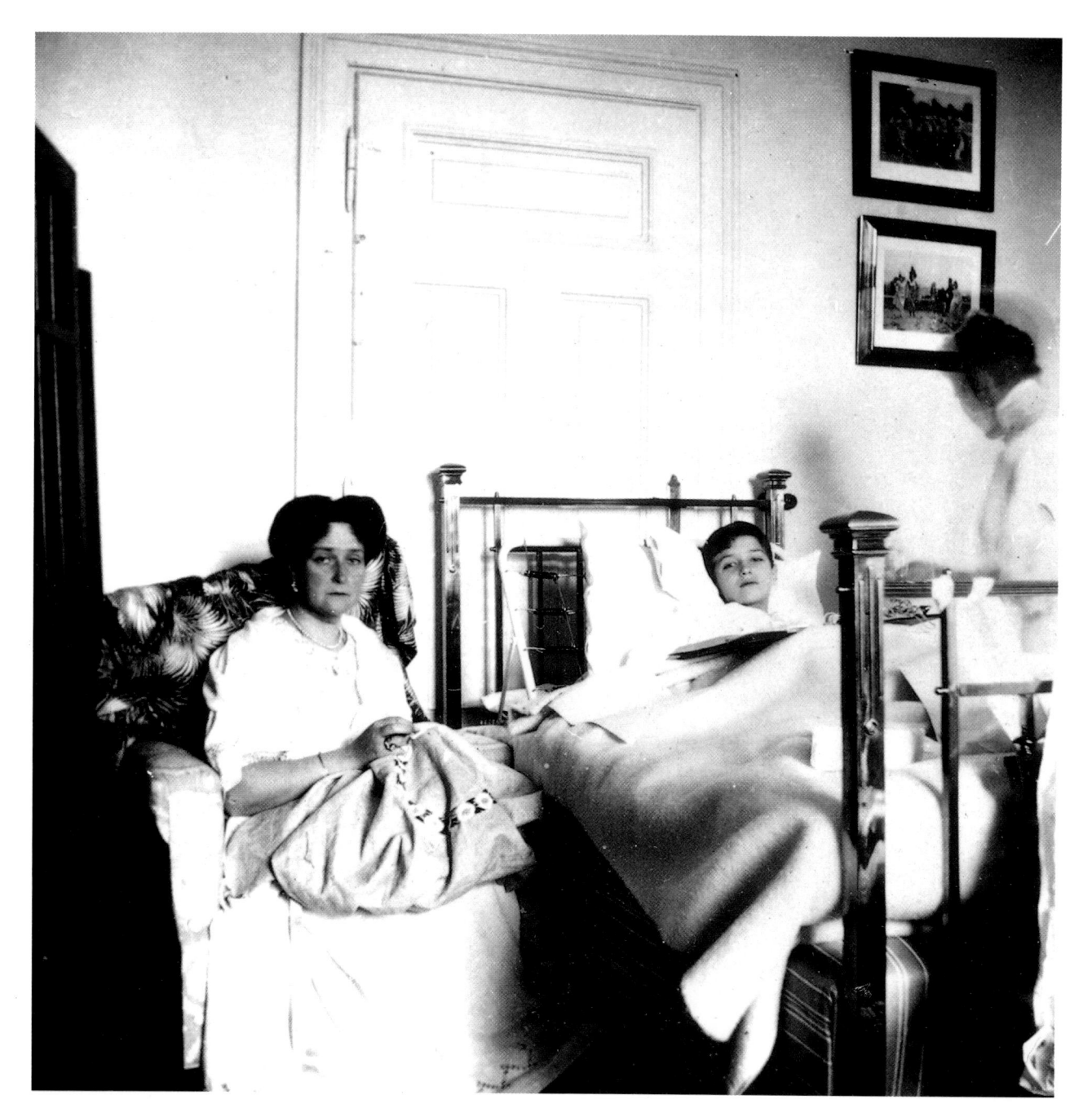

Au chevet de son fils, *après la terrible crise de 1912, où le bulletin officiel de la Cour annonçait que le tsarévitch était perdu, la tsarine passe tout son temps libre. Elle seule parvient à le distraire de ses insupportables souffrances.*

**En novembre,
pendant sa convalescence,**
*Alexis a l'autorisation de se promener en
calèche. Derrière lui, à gauche, deux de ses
précepteurs, Gilliard et Petrov.*

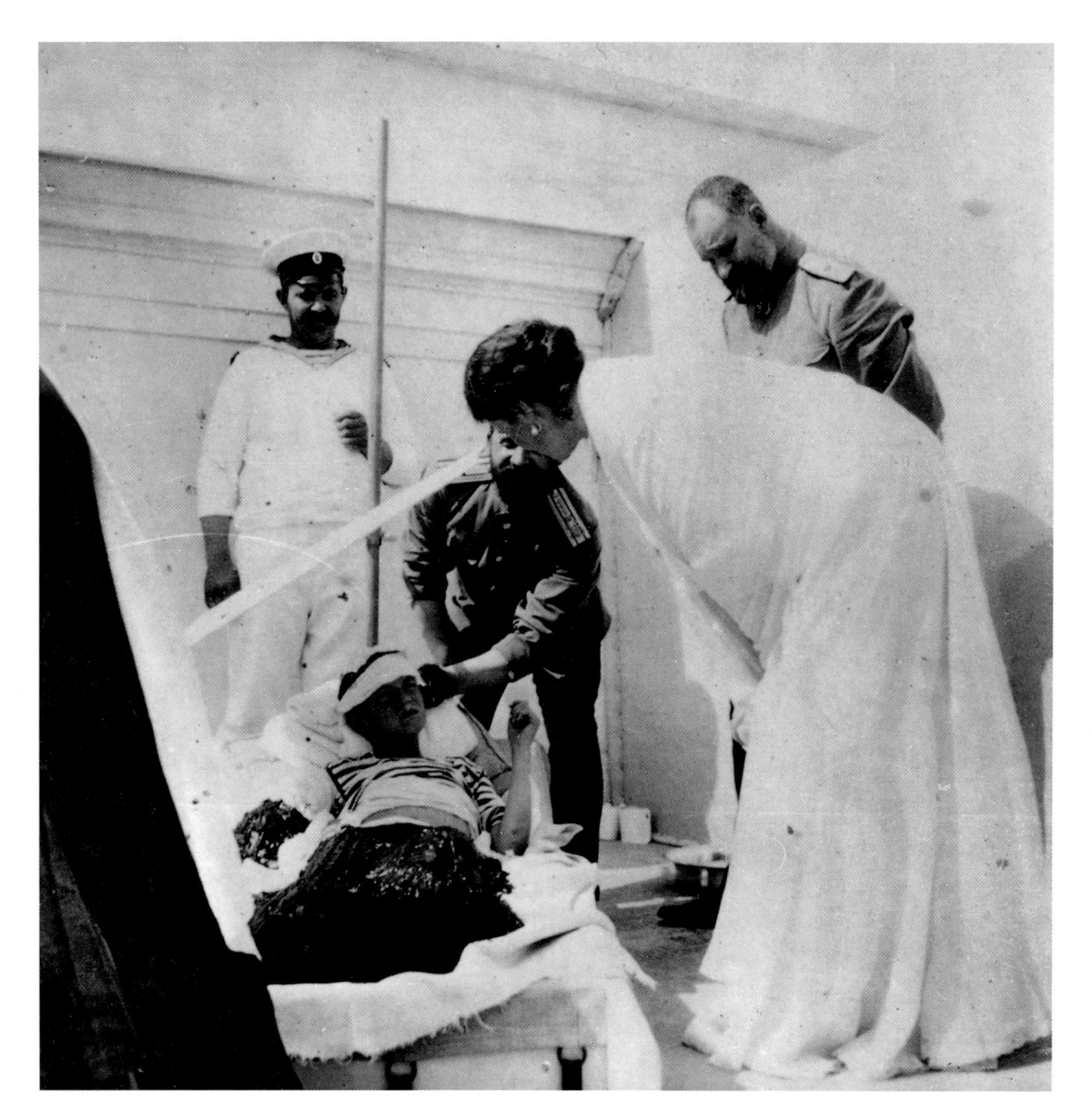

La maladie du tsarévitch

nécessite des soins spéciaux: des bains de boue à haute température que surveillent la tsarine et les deux médecins, Derevenko, qui se penche, et Botkine. Autres traitements: des massages et l'emploi d'appareils orthopédiques.

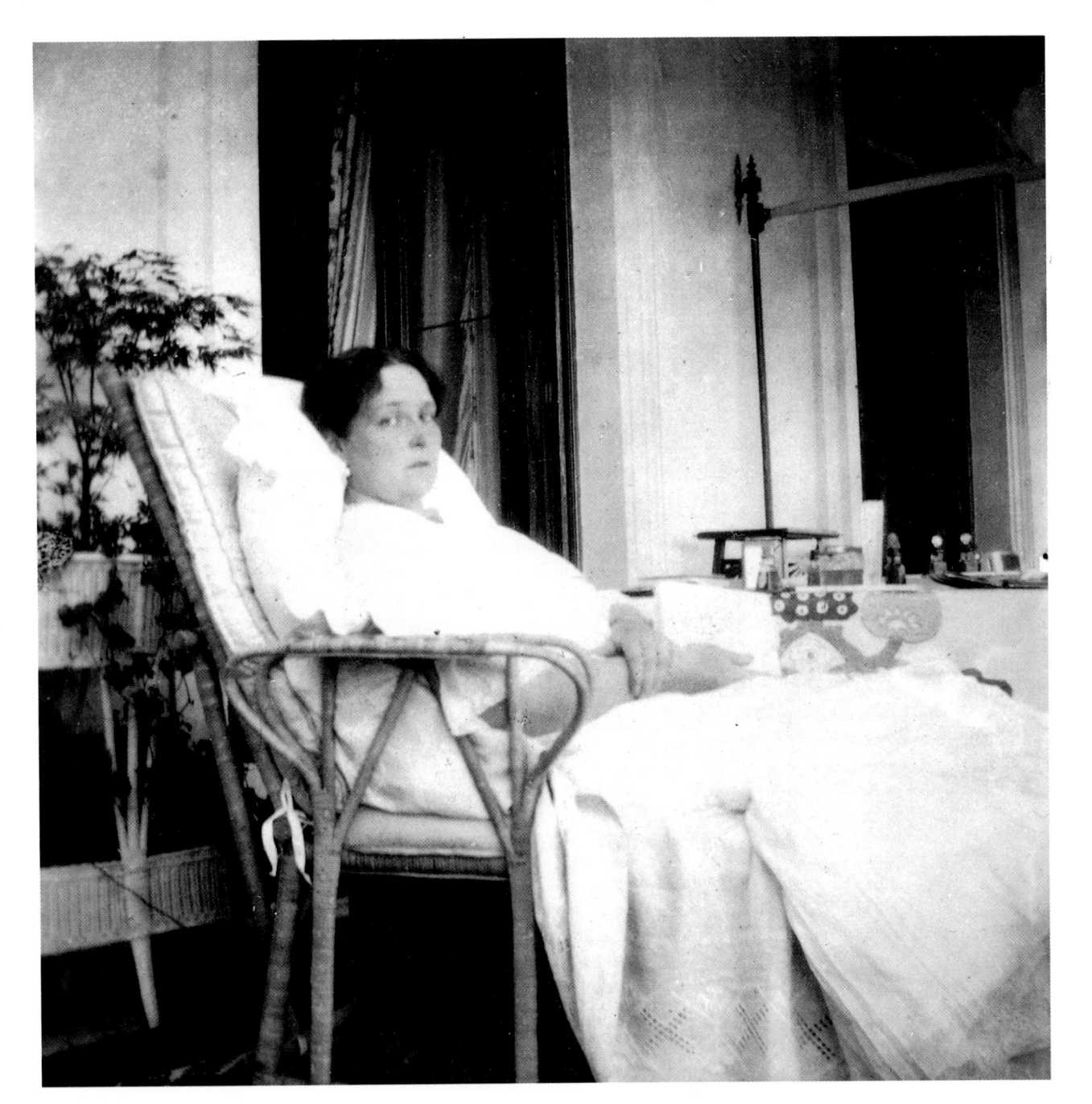

**Une fois
la crise passée,**
*Alexandra, qui
s'est dépensée sans
compter, doit
songer à sa propre
santé et se reposer
des semaines
durant.*

**Le vélo
à deux roues** *était formellement interdit au tsarévitch. Mais il pouvait se consoler en faisant du tricycle avec ses petits compagnons de jeu.*

Un été plus souriant, *celui de 1913. Dans le parc de Peterhof, sur la côte balte, Alexis moissonne le blé qu'il a semé.*

Exercice périlleux
pour le tsarévitch qui s'en montre tout fier.

Parmi les fabuleux jouets
qu'on offre à Alexis, cette voiture n'est pas sans rappeler les modèles utilisés à la Cour dès le début du XXe siècle.

Un regard expressif sur le jouet défendu
traduit le sentiment de frustration qui, à certains moments, envahit l'héritier du trône. Autres activités prohibées, le tennis et tous les sports violents.

Le tsarévitch et ses familiers: *de gauche à droite, Pierre Gilliard, la grande-duchesse Tatiana et le matelot Derevenko.*

Joyeuse partie de pêche.
Au retour, on mange les malheureux poissons. Nicolas II se fait raconter les menus incidents de la sortie.

La saison qu'Alexis préfère, *c'est l'hiver. Il adore la neige et ne craint pas le froid. Pendant la captivité, en Sibérie, il sera le seul à bien supporter les mois les plus rigoureux.*

Les jeux de neige
*apportent à Alexis une heureuse diversion.
Il s'en donne à cœur joie.*

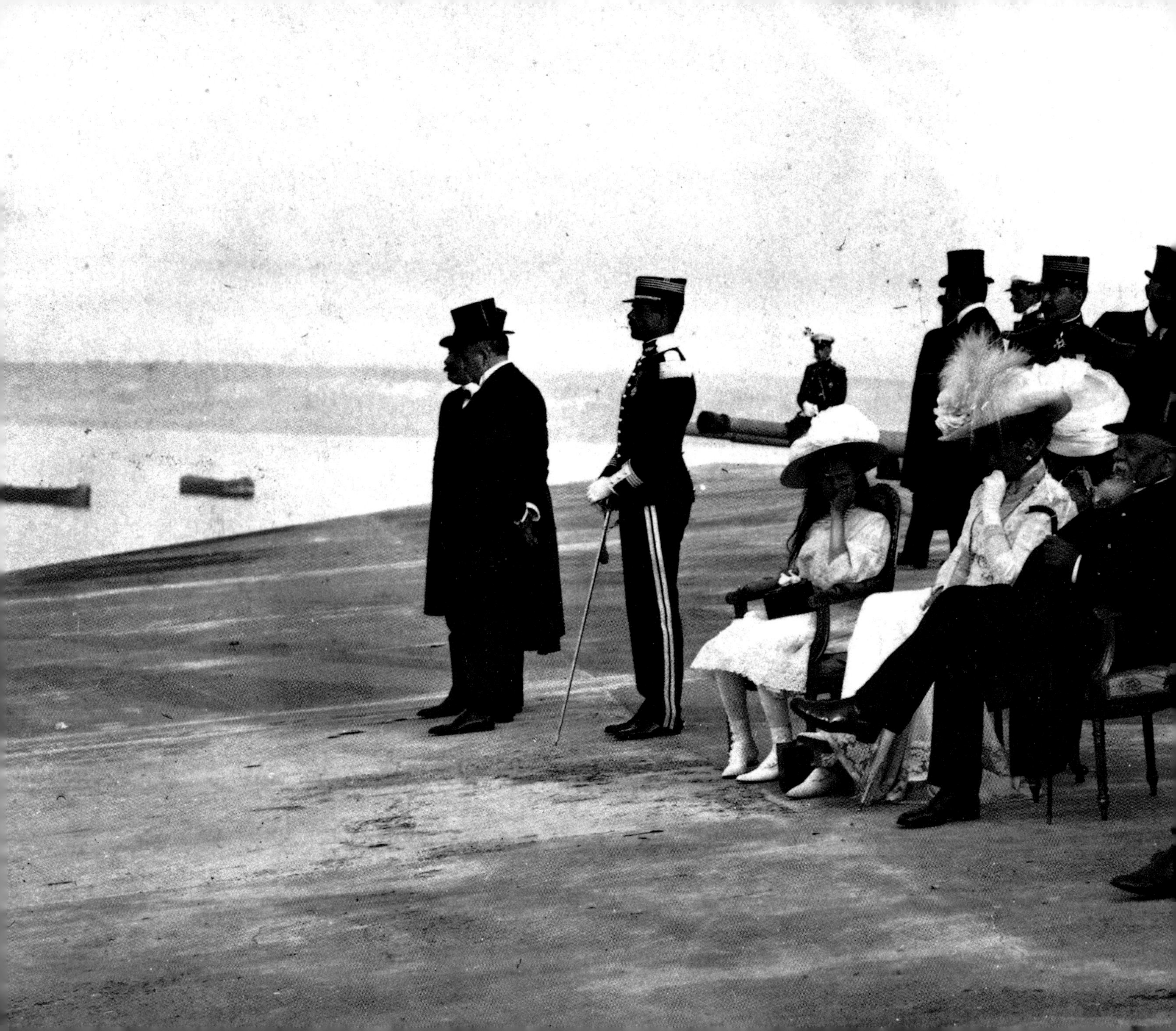

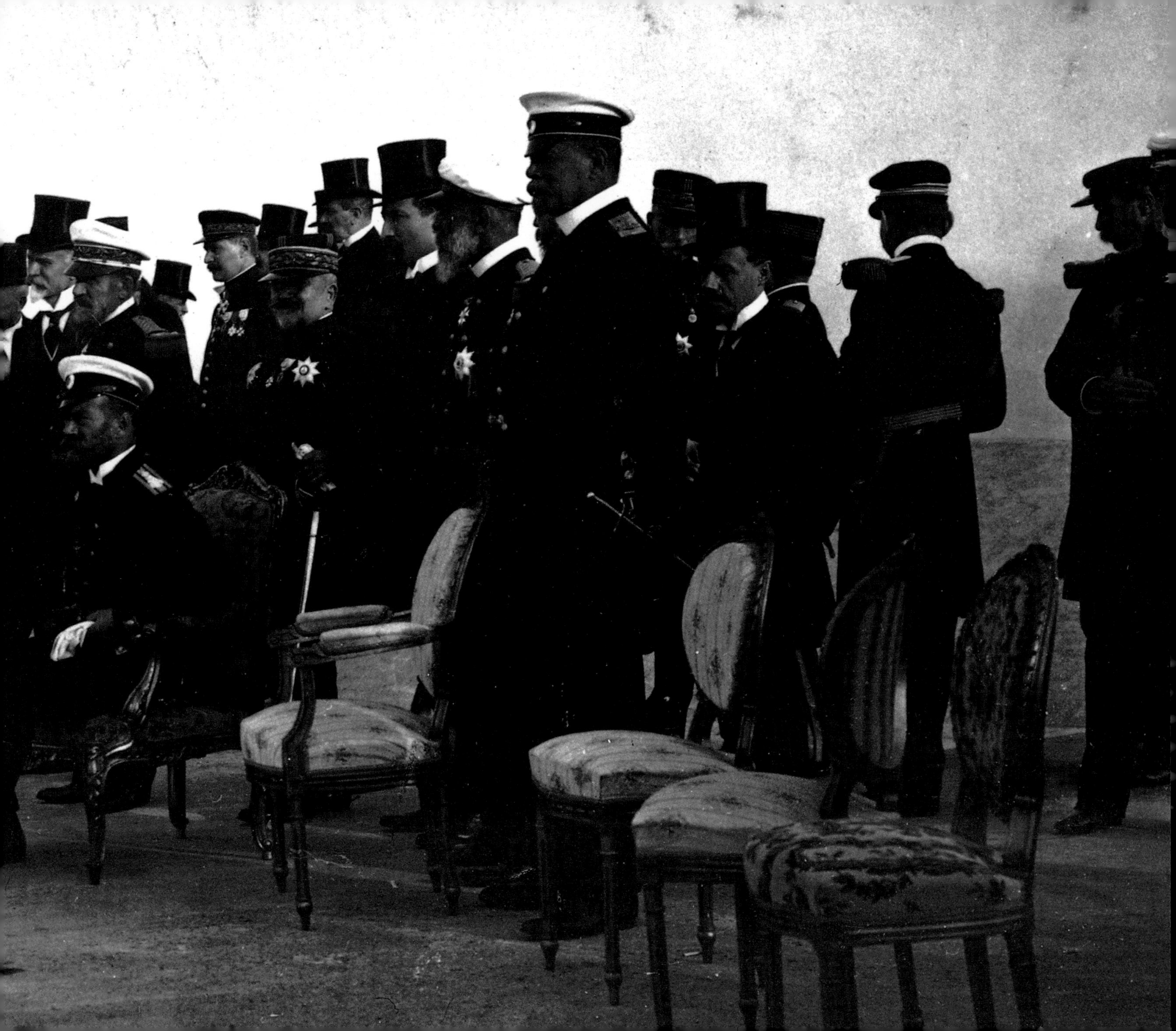

*Pages précédentes:
Cherbourg 1909, Tatiana, assise
aux côtés de sa mère, du président
Fallières et de l'empereur,
photographie consciencieusement les
manœuvres de la marine française.*

4

A BORD DU STANDART

L'UN DES DÉSIRS LES PLUS VIFS de l'empereur et de l'impératrice était de se mettre à l'écart de leur vaste famille, ambitieuse, autoritaire, aux mœurs souvent dissipées. Depuis Nicolas Ier, trois générations bien pourvues en grands-ducs et grandes-duchesses se sont succédé: sept enfants pour Nicolas, sept aussi pour Alexandre II et cinq pour Alexandre III. Sous le dernier tsar, les Romanov avoisinent parfois la soixantaine!

Déjà, Nicolas II doit subir, sur le plan politique, les interventions autoritaires de ses oncles. Il lui est indispensable de ne pas se mêler aux coteries de la Cour, de préserver sa vie privée. Alexandra et lui réagissent à l'unisson, se défiant de cet entourage envahissant qui, à l'instar de certains monarques, quitte souvent la Russie pour faire la fête, à Paris surtout, où la "tournée des grands-ducs" est devenue une expression courante. Quelques-uns d'entre eux, plus "raisonnables", sont accueillis dans l'intimité du tsar. Ce sera le cas d'Olga, la plus jeune sœur de Nicolas, née en 1882, soit treize ans avant son homonyme, la fille aînée du tsar. Heureusement pour les historiens, la coutume veut qu'en Russie on adjoigne au prénom la précision : fils ou fille de... La tante est donc Olga Alexandrovna et la nièce Olga Nicolaïevna. Arrêtons-nous un instant sur la première. Dès l'enfance, elle a voué une adoration à son père. Une complicité s'est établie entre eux; mais Alexandre III a été emporté par la maladie.

Restée avec sa mère qu'elle admire mais n'affectionne guère, la grande-duchesse fera appel à son frère dans les cas graves. Ainsi, lorsque la tsarine Maria veut renvoyer la gouvernante d'Olga, celle-ci trouve-t-elle alors un appui en Nicolas II pour garder auprès d'elle la chère Mrs Franklin.

Plus tard, "tante Olga" deviendra une habituée des derniers tsars et elle réalisera de nombreuses photographies prises sur le vif, que ce soit à Tsarskoïe

Selo ou dans les diverses résidences de vacances. Ses quatre nièces ayant grandi, elle sera leur véritable complice. Une tradition s'est même établie. Le samedi, elle vient dîner et coucher au palais Alexandre, et le lendemain matin, dimanche, elle les emmène passer la journée à Saint-Pétersbourg. Quatre adolescentes "plutôt excitées" et leur tante qui ne l'est pas moins montent à bord du train qui les conduira dans la ville de Pierre le Grand. Elles doivent d'abord aller déjeuner chez leur grand-mère et mère, la tsarine Maria. "Ces repas étaient d'un formalisme ennuyeux, confiera plus tard Olga Alexandrovna. Heureusement cela ne durait que deux heures et nous ne nous faisions pas prier pour quitter le palais Anitchkov!"

Le grand moment, c'est l'après-midi. Olga s'ingénie à distraire ses nièces du mieux qu'elle le peut en organisant chez elle des réunions dansantes où ne sont conviés que de jeunes et charmants célibataires. Malgré la totale absence d'alcool, la gaîté règne. On essaie de nouveaux jeux de société, on joue les derniers airs à la mode, on apprend des pas de danse. "Je me rappelle que les filles appréciaient chaque minute, racontera la sœur de Nicolas II, et plus particulièrement ma chère filleule Anastasia. Je peux encore entendre leurs rires fuser à travers les salons. Elles se donnaient de tout cœur..."

En fait Olga s'était trouvée liée au tsar et à la tsarine un peu par l'effet du hasard. En 1901, elle avait épousé le prince Pierre d'Oldenbourg, issu d'une branche de la maison grand-ducale alliée aux Romanov et installée en Russie. Un mariage voulu par la tsarine Maria et totalement raté. Sa seule vertu aux yeux d'Olga: il lui permettait de continuer à vivre sur sa terre natale! Pierre avait reçu, en 1904, le commandement d'un régiment stationné à Tsarskoïe Selo. Dès lors, la jeune Olga devait voir son frère et sa belle-sœur presque chaque jour.

En deux années, Nicolas et Alexandra avaient appris à mieux connaître la grande-duchesse qui habitait non loin du palais Alexandre. Des liens solides s'étaient créés. Le couple avait une grande confiance en elle.

Lorsqu'Olga, revenue vivre à Saint-Pétersbourg en 1906, va proposer aux souverains des escapades dominicales, ils accepteront sans réelle hésitation. "J'en discutais avec Nicky [Nicolas] et Alicky [Alexandra]. Ils savaient qu'ils pouvaient me confier leurs enfants."

Peut-être le couple impérial prend-il conscience qu'en grandissant leurs filles ont besoin d'échapper de temps en temps à l'atmosphère trop confinée de Tsarskoïe Selo? Pour Olga c'est une évidence: "Je souhaitais qu'elles aient de véritables distractions." Cette coutume durera jusqu'en 1914. A ce moment, le tsar et la tsarine sont décidés à faire faire aux aînées leur entrée dans le monde. La guerre les en empêchera.

En réalité, les grandes-duchesses connaissent une certaine diversité d'existence. La famille impériale ne réside à Tsarskoïe Selo qu'une partie de l'année. Au début du printemps, elle prend la direction de Livadia à bord du train spécial de onze wagons où le luxe le dispute au confort. Couleur dominante, le bleu roi, mais aussi du mauve et gris pour l'impératrice, du blanc pour les grandes-duchesses. Les repas sont pris dans une longue salle à manger lambrissée. Auparavant on s'est réuni dans une petite antichambre pour sacrifier à la coutume des zakouski, ces hors-d'œuvre variés préparés sous forme de buffet, que l'on déguste debout en se servant soi-même. A table, Nicolas II préside : ses filles sont assises près de lui. Face à eux, les membres de la Cour. L'impératrice déjeune seule ou avec son fils.

Par mesure de sécurité, un deuxième train, rigoureusement identique, effectue le même trajet, à quelques kilomètres. Traverser la Russie réclame beaucoup de patience et les voyages se répètent au cours de l'année. Robert Massie, l'auteur de *Nicolas et Alexandra*, a reconstitué le calendrier du tsar et de sa famille: "Ces migrations annuelles obéissaient à une loi

**En juin,
toute la famille
impériale**
*rallie le "Standart"
pour une croisière
dans les fjords
de Finlande.
Ce yacht de 7 000
tonnes n'a pas son
équivalent dans
le monde. Alexis,
ici dans les bras
de son père,
y a navigué
tout bébé.*

La tsarine
passe de longues heures assise sur le pont lorsque sa santé est déficiente. Elle lit; elle écrit de longues lettres. Sa correspondance avec la plupart des Cours est très importante.

Anastasia (à gauche) et Maria
en compagnie du docteur Botkine et de l'officier Woronov. On reconnaît le médecin de la Cour à sa corpulence. Un des grands fidèles qui sera massacré avec la famille impériale.

A bord, les enfants se sentent vraiment en vacances.
Chacun d'eux est surveillé par un officier chargé d'éviter qu'il tombe à l'eau. En réalité, ces "gardes du corps" sont surtout des compagnons de jeu comme en témoigne cette partie de patins à roulettes.

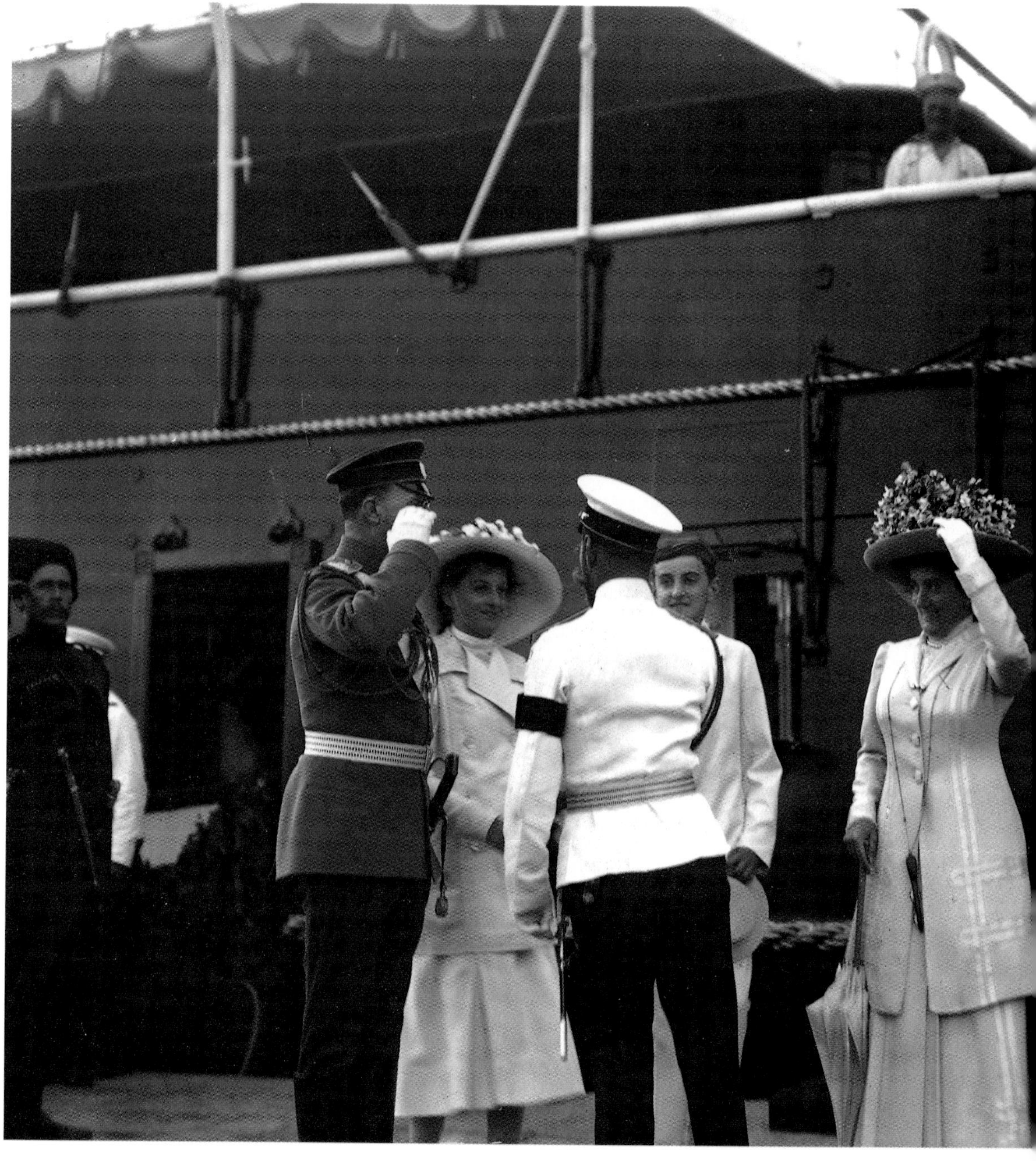

Les têtes couronnées
sont des habituées du "Standart", mais aussi les proches de Nicolas II. Sur ce document, le tsar, de dos, accueille le grand-duc Pierre Nicolaïevitch, son épouse, Militza de Montenegro, et leurs trois enfants. Militza et sa sœur Anastasia sont amies intimes de l'impératrice.

Une ancienne canonnière *sert au transbordement des passagers du yacht à terre. Parfois, Nicolas et Alexandra utilisent un canot. Le tsar et sa fille Tatiana rament tandis que l'impératrice tient le gouvernail, Olga à ses côtés.*

Dans l'intimité
la tsarine adopte des tenues très simples, contrastant avec les lourdes robes de Cour couvertes de bijoux. Lors des escales, ses filles portent des ensembles clairs et des chapeaux de paille.

Vers dix heures *du matin, le tsarévitch et les deux plus jeunes de ses sœurs descendent jouer à terre. Alexis se consacre souvent au canoë tandis que Maria et Anastasia, sur la plage, écoutent la lectrice de la Cour, Mlle Schneider. Toute la famille impériale est passionnée de lecture.*

Dès leur plus jeune âge, *les grandes-duchesses ont eu l'habitude de se baigner sous la conduite de leur père. Le tsar considère ce sport comme un exercice sain et utile. Il y entraînera tous ses enfants.*

Poses ou instantanés?

*Nicolas se passionne pour tous les genres.
Il a un photographe attitré, Hahn-Jagel,
également chargé de développer les photos prises
par les divers membres de la famille.
Le tsar les colle dans son journal intime
et les agrémente d'anecdotes.
En date du 2 juillet 1914, il écrit:
"J'ai parfaitement dormi et me suis réveillé
avec un sentiment de joie de me retrouver sur le yacht
dans ce bel endroit... A deux heures, suis descendu à terre
avec les enfants et ai joué..."*

Une franche gaieté règne *dans les activités de plein air. "Il était amusant de voir l'empereur et l'impératrice se passionner pour ce jeu", raconte le général Spiridovitch, chef de la sûreté personnelle de Nicolas II, en citant celui du chat et de la souris, autre divertissement auquel s'adonnent avec entrain les grandes-duchesses.*

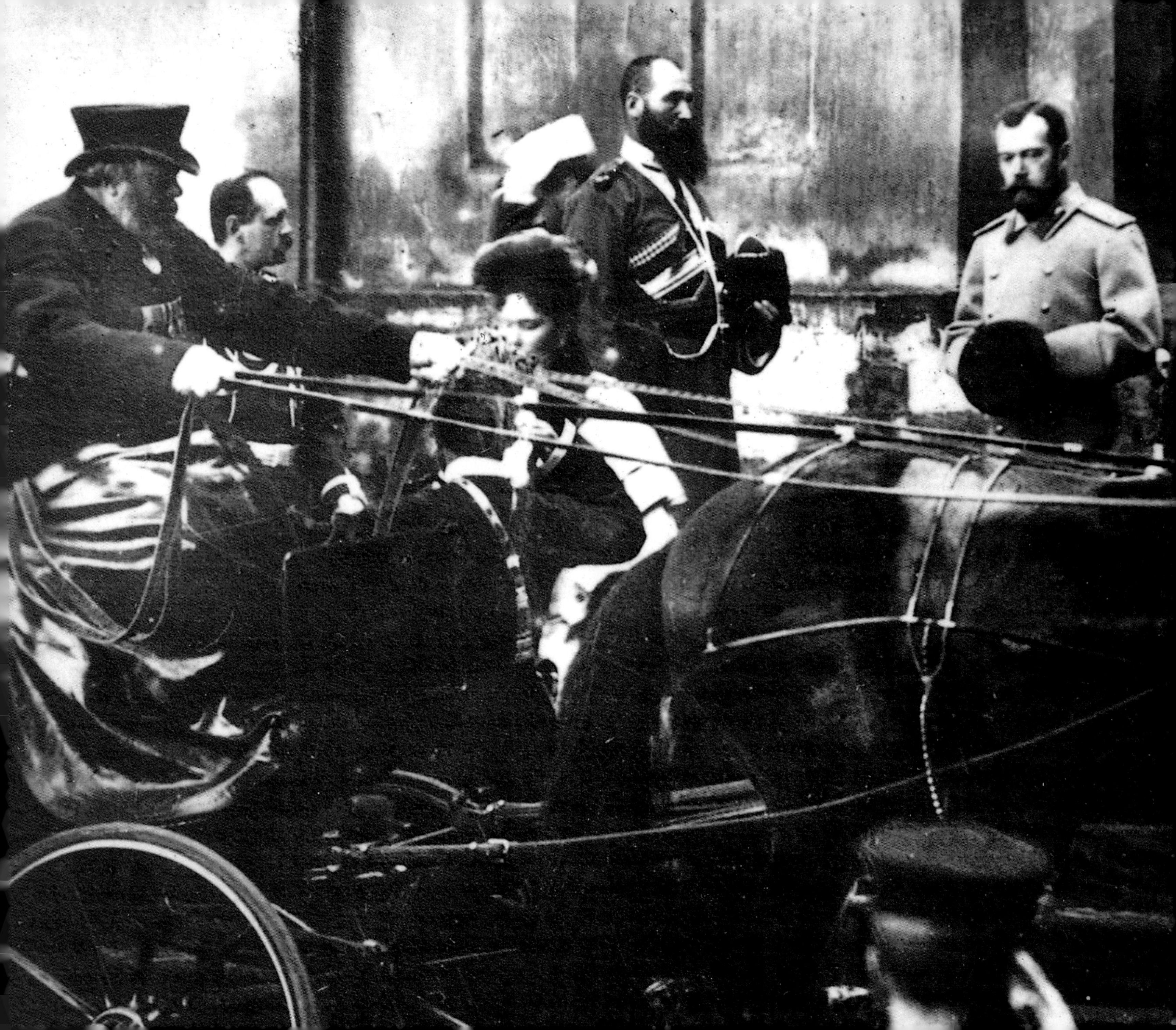

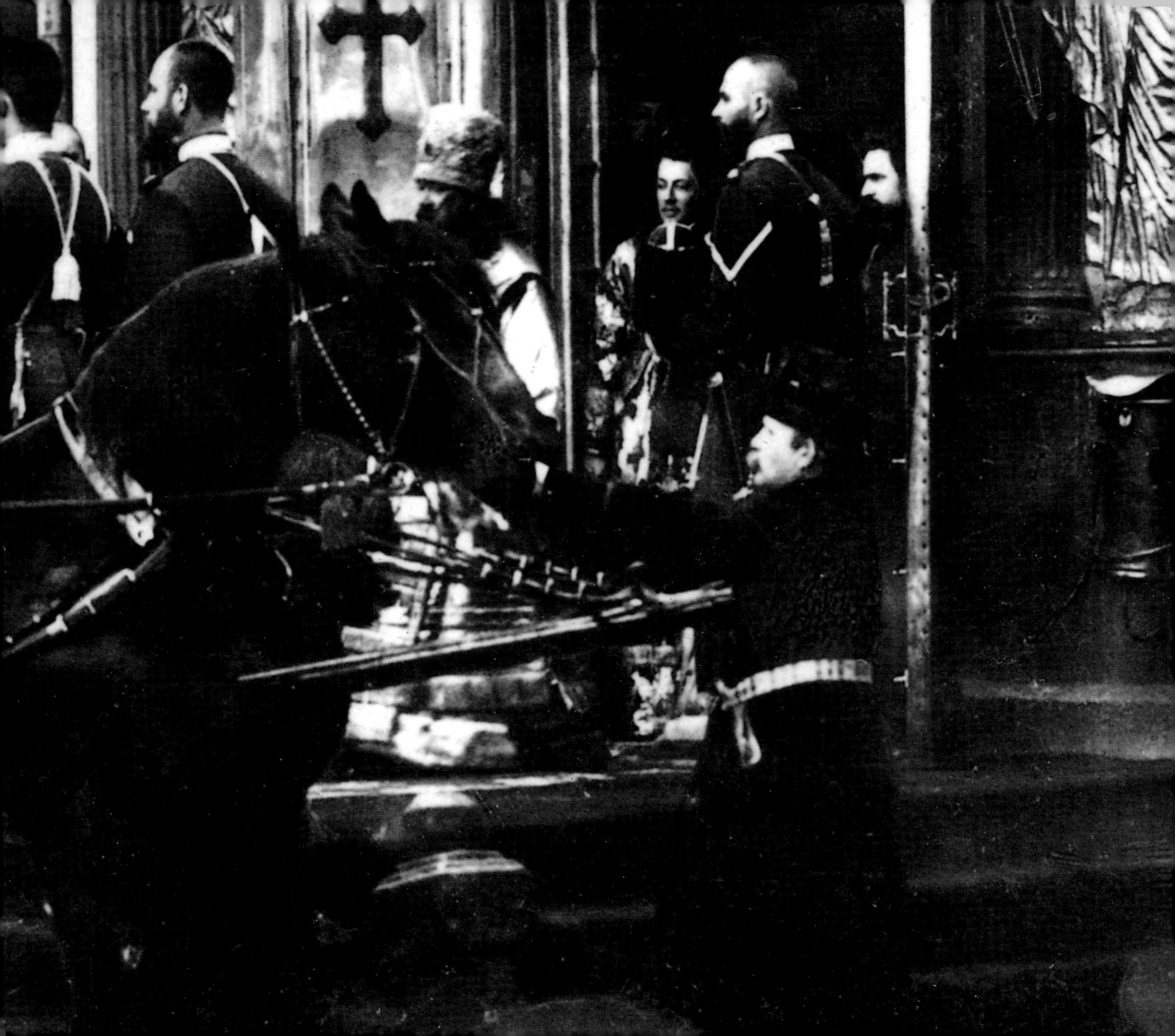

cyclique. La Crimée, en mars, en était la première étape. En mai, on remontait à Peterhof, sur la côte balte. En juin, le yacht impérial partait en croisière dans les fjords de Finlande. Août trouvait la famille du tsar au fond des forêts sauvages de la Pologne à Spala, dans un pavillon de chasse. En septembre, on repartait pour la Crimée. Novembre annonçait le retour à Tsarskoïe Selo où l'on passait l'hiver."

Les voyages sur le *Standart* constituent une véritable détente. Outre la beauté des paysages, il règne à bord une atmosphère très gaie. Les enfants jouent avec les membres de l'équipage, connaissent les prénoms de tous les matelots. Le tsar et la tsarine invitent souvent les officiers à leur table. Aux escales, on pique-nique sur la plage avec l'entourage impérial. Nicolas ne perd jamais une occasion de se dépenser physiquement: chasse, sport, tout le passionne.

En 1907, un grave incident va perturber la traditionnelle croisière: dans un détroit, le *Standart* heurte violemment une roche sous-marine. Projeté en avant, il s'incline légèrement sur son flanc droit. En hâte, il faut évacuer le yacht et se réfugier à bord de l'*Eyleken*, où se trouve le chef du pilotage finlandais, l'amiral Schemann, puis sur l'Asie.

La garde de la famille impériale est confiée au général Spiridovitch qui, depuis 1905, assume cette fonction auprès de l'empereur, en tant que chef de sa sûreté personnelle.

Dès le lendemain, jour de la commémoration de saint Alexandre Nevski, Nicolas II convie à déjeuner les officiers et le général Spiridovitch qui rapportera lui-même une charmante anecdote:

«Au champagne, écrit-il, le tsar annonça qu'il allait boire à la santé de ceux des assistants qui portaient le nom du saint. Orlov et Drenteln se levèrent et, après avoir salué Sa Majesté, vidèrent leurs coupes. Je m'appelle également Alexandre, mais jamais l'idée ne me serait venue à l'esprit que l'empereur pût le savoir et qu'en disant qu'il buvait à la santé de ceux qui portaient le nom du saint, il pût penser à moi. Aussi me tenais-je tranquillement au bout de la table.

«Mais voici qu'après avoir choqué son verre contre ceux des personnes de sa suite, l'empereur se tourne vers moi et me dit en souriant: "Spiridovitch, je bois à votre santé."

«Je fus littéralement stupéfait par cette attention inespérée. Je me levai, je pris mon verre et, après avoir balbutié quelque chose, je le vidai. Le tsar me regardait en souriant, la tsarine souriait également.»

Le général obtiendra la faveur de conserver la coupe dans laquelle a bu l'empereur. Y est gravé le pavillon impérial.

Pages précédentes:
Moscou 1913. Les souverains
à l'issue d'une cérémonie religieuse.
Convertie, peu avant son mariage,
à l'orthodoxie, Alexandra
est extrêmement pieuse.

5

LIVADIA SUR LA RIVIERA RUSSE

Livadia, en grec "pelouse", sur les bords de la mer Noire, c'est le goût des vacances, l'odeur des roses et des lilas, une végétation luxuriante: palmiers, myrtes, cyprès, magnolias, lauriers-roses, mimosas. Un palais y a été construit en 1911 pour remplacer "une ancienne construction en bois".

Il est tout blanc, de style italien, et domine la mer. Une piscine couverte permet à Nicolas II et à ses enfants de se baigner, quel que soit le temps. On y mène une vie simple. Le matin, Alexandra et le tsarévitch sont toujours ensemble. L'après-midi, la tsarine se promène dans le jardin. Bonheur suprême, elle peut se rendre dans les boutiques de Yalta incognito... ou presque! Tennis, promenades à cheval, cueillette des champignons, les distractions sont nombreuses. Des visiteurs de tout style sont invités à déjeuner.

Un triste souvenir, mêlé à une anecdote intime, se rattache à l'ancien palais. En octobre 1894, Alexandre III approchait de la fin. Miné par la maladie, il s'était réfugié à Livadia, au bon air de la Crimée, avec sa famille. Les médecins lui imposaient un régime très sévère. Un jour, profitant qu'il était seul avec sa benjamine, le tsar lui murmura: "Bébé chéri, je sais qu'il y a quelques glaces dans la pièce voisine. Apporte m'en une, mais fais attention qu'on ne te voie pas..." Malgré l'interdiction médicale, Olga, après avoir consulté sa gouvernante, fit ce dernier plaisir à son père.

Autour de la résidence des tsars, d'autres demeures, propriétés d'oncles et cousins de Nicolas II, de membres de la noblesse russe, jalonnent la côte de Crimée. Après le dîner, l'empereur et l'impératrice aiment souvent à se rendre chez le grand-duc Georges Mikhaïlovitch, un neveu d'Alexandre II. Ils y retrouvent la grande-duchesse Xenia et son époux Alexandre, un frère de Georges. Xenia est une sœur de Nicolas II.

Peterhof, sur la mer Baltique, offre durant l'été une

fraîcheur bienfaisante. Dès le premier printemps de leur mariage, Nicolas et Alexandra, quittant Saint-Pétersbourg, sont venus y chercher une vie moins conventionnelle. Ils y ont découvert que la tsarine attendait un enfant. Tout à leur joie, les souverains ont oublié les difficultés familiales. Alexandra s'est consacrée à des passe-temps reposants: broderie, peinture, promenade dans le parc. Elle s'est occupée du futur décor de Tsarskoïe-Selo. Enfin, sa sœur aînée, Elisabeth, qui avait épousé en 1884 le grand-duc Serge, un oncle de Nicolas II, a passé quelques semaines auprès d'elle.

En cela l'impératrice n'a pas failli à la tradition. Peterhof a toujours été un rendez-vous familial, particulièrement pour Alexandre III et Maria. La vie y est très simple: on séjourne, non dans le grand palais commencé sous Pierre Ier et réservé aux réceptions, mais dans la villa Alexandria, initialement appelée le Cottage. Nicolas II, laissant cette maison à sa mère, fera agrandir un autre bâtiment, le Nouveau Palais, demeure qui comprend une partie haute en forme de tour-sémaphore. Il deviendra alors la résidence d'été du tsar, tout près de la mer.

Comme dans tous les domaines impériaux, les bâtiments pullulent. On trouve à Peterhof le célèbre "Monplaisir" de Pierre le Grand. Quand au nouveau palais, construction d'Alexandre III, il a été imprégné par Nicolas et Alexandra de style victorien. Meubles anglais et chintz le décorent, à l'instar du palais Alexandre de Tsarskoïe Selo. Les souverains ont installé leur chambre au troisième étage de la tour.

C'est à Peterhof qu'est né Alexis, le 30 juillet 1904(*). C'est là aussi que, dix ans plus tard, l'empereur apprendra une terrible nouvelle: la déclaration de guerre de l'Allemagne à la Russie.

---

* Cette date et celles citées par le tsar respectent le calendrier Julien et non notre calendrier Grégorien, soit treize jours de moins.

Depuis l'automne 1905, *Pierre Gilliard enseigne le français aux grandes-duchesses. A Livadia, les leçons ont lieu sur la terrasse. A partir d'octobre 1912, il s'occupe aussi du tsarévitch.*

Parfois, la tsarine et ses enfants *se rendent à Yalta pour participer à des fêtes de charité. Ici, ils vendent des fleurs au bénéfice des tuberculeux, pour la construction d'un sanatorium.*

**Retrouvant
sa vie
de jeune fille,**
*Alexandra se
promène en calèche,
va faire des
emplettes en ville.
Elle est souvent
accompagnée
de sa dame
d'honneur et amie,
Anna Vyroubova.*

Le matin, Nicolas *joue au tennis. L'après-midi, il monte à cheval avec ses filles. Le tsar éprouve un irrépressible besoin de se dépenser physiquement.*

Livadia, en Crimée,
*est une région réputée pour son climat très doux
et la beauté de ses paysages. Alexis peut jouer
dans le jardin avec Paul Woronov.
La tsarine et ses filles ont tout loisir de porter
"la même robe d'été"…*

Le palais édifié à Livadia *par les soins de Nicolas II respecte le style italien qu'affectionne l'impératrice en souvenir d'un voyage de jeune fille à Florence. Le patio est un endroit particulièrement apprécié: installés à l'ombre, on profite néanmoins du jardin.*

Dans le patio du nouveau palais, *le tsar en conversation avec le comte Vladimir Fredericks, ministre de la Cour impériale. C'est ce personnage svelte et élégant qui organise toutes les cérémonies, dispense les décorations et arbitre les querelles de palais.*

Le tsarévtich, en costume de cosaque, *joue avec son épagneul Joy. Ce chien lui survivra et sera retrouvé à Iekaterinbourg après le massacre, dans la cour de la maison Ipatiev, par les Blancs.*

Olga et Tatiana *se vouent une grande affection. On les surnomme "les grandes" tandis que Maria et Anastasia sont "les petites".*

Tout naturellement, *Olga pousse la petite voiture de la princesse Orbeliani. Amie de la tsarine dont elle est la dame d'honneur, cette fidèle est atteinte de paralysie. Chaque jour, Alexandra lui rend visite ou lui envoie des présents.*

A l'ombre du patio, *la vie s'est organisée : on prend le thé, on évoque les incidents de la journée. Alexis y est photographié au printemps 1914.*

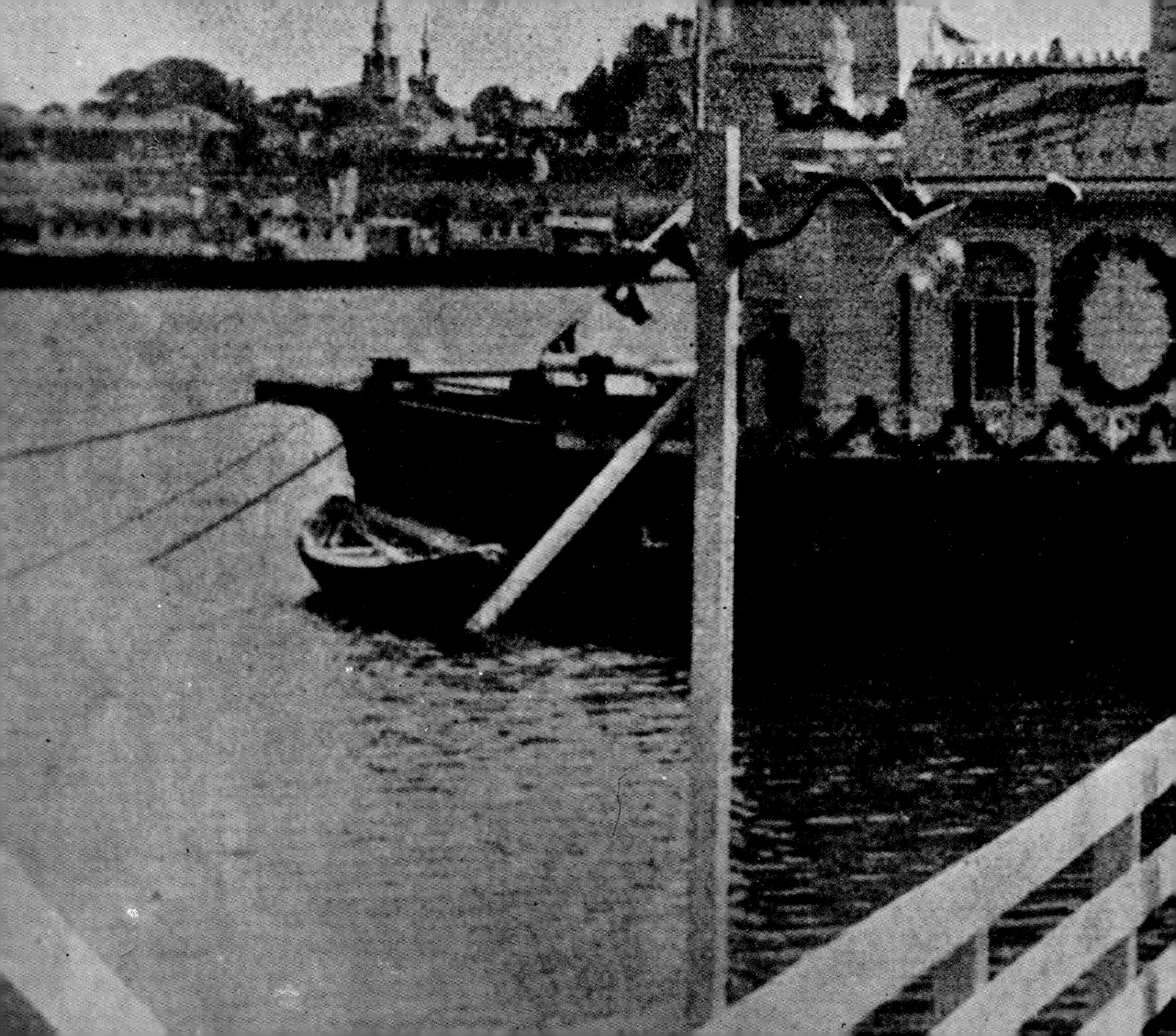

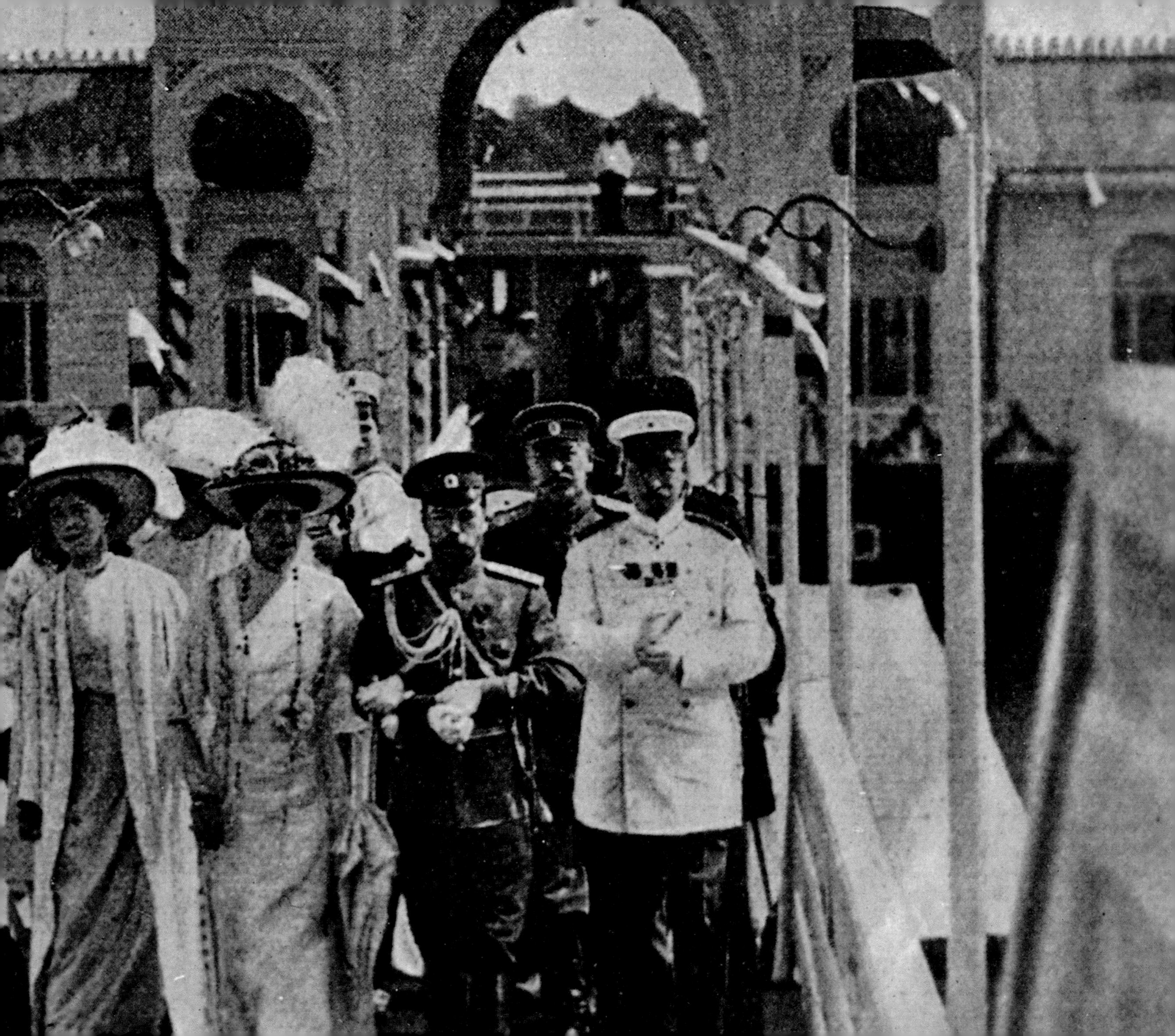

*Pages précédentes:
Juin 1914 à Constanza. Une visite
officielle qui cache un projet de
mariage entre la fille aînée du tsar
et le prince Carol de Roumanie.*

6

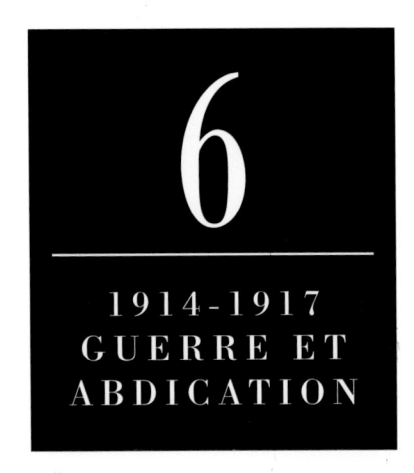

1914-1917
GUERRE ET ABDICATION

LA GUERRE, ON S'EN DOUTE, va bouleverser complètement la vie de la famille impériale. Désormais, le tsar n'a plus qu'un but: écraser les Prussiens. Ardent patriote, homme de devoir, il sait combien les Alliés ont besoin de lui pour tenir le front Est. Sa place est auprès des soldats, même si cela est au prix d'une douloureuse séparation d'avec les siens. De son côté, la tsarine se consacre aux blessés. Malgré sa santé chancelante, elle trouve une énergie nouvelle. Elle fait ouvrir des hôpitaux un peu partout. L'immense palais Catherine de Tsarskoïe Selo n'échappe pas à la règle. Chaque matin, Alexandra se lève de bonne heure. Avec ses deux filles aînées et son amie-dame d'honneur Anna Vyroubova, elle passe la matinée à aider les chirurgiens. Rien ne la rebute. La rapide formation d'infirmière qu'elle s'est fait donner lui permet de se rendre vraiment utile. L'après-midi, elle visite d'autres hôpitaux.

Les troubles de santé qui accompagnent un tel changement n'arrêtent pas l'impératrice. Ce n'est pas sur elle qu'elle s'apitoie mais sur tous ces jeunes blessés dont elle partage les souffrances. Dans la correspondance qu'elle échange régulièrement avec son époux, elle exprime ses sentiments, plus intenses que jamais. Ses lettres apportent à Nicolas II un soutien moral très précieux. Elles sont le témoignage d'une union exceptionnelle:

"Avec les années l'amour s'accroît et le temps passé loin de ta chère présence est bien dur à supporter. Oh! puissent nos enfants avoir autant de chance quand ils seront mariés."

En lisant ces lignes, à la lumière des événements futurs, on ne peut s'empêcher de frémir lorsque l'on songe aux quatre jeunes grandes-duchesses. Olga a près de dix-neuf ans au moment où débute la Grande Guerre. Elle a eu droit à un merveilleux premier bal, en 1911, dans le tout nouveau palais de Livadia. On a envisagé une union avec le prince Carol de Roumanie, son cousin, et, au mois de juin 1914, la famille impériale s'est rendue à Constanza, port roumain de la mer Noire, sous couvert d'une visite officielle. Mais la grande-duchesse s'est montrée hostile au projet et ses parents ont respecté "les sentiments de leur fille". Comme sa tante, Olga veut "rester russe". Etre un jour reine de Roumanie ne représente pas pour elle un avenir séduisant et son cousin ne l'attire guère. Plus tard, celui-ci se mariera trois fois et défrayera la chronique par son instabilité sentimentale aux allures parfois scandaleuses. Il règnera sous le nom de Carol II.

Nicolas II et Alexandra ont les idées larges et ils veulent surtout que leurs enfants aient la possibilité de choisir. La tsarine a confié à l'un de ses proches: "Il est de mon devoir de laisser mes filles libres de se marier selon leurs inclinations. L'empereur devra décider si tel ou tel mariage lui semble convenable, mais l'autorité des parents ne doit point dépasser cette limite." Des principes qui ne pourront être appliqués car déjà l'Histoire en a décidé autrement. En mars 1917, l'empereur est contraint d'abdiquer. La vie des souverains bascule. Les anciens temps sont révolus. Une période d'incertitude commence: seules la cohésion familiale et la fidélité d'une partie de l'entourage impérial pourront en faire supporter la dureté.

**Peterhof,
30 juillet 1914.**
Nicolas écrit dans son journal: "Après le thé, Nicolacha est arrivé avec une mitrailleuse prise aux Allemands à la frontière, à Eydkuhnen." [Il s'agit du grand-duc Nicolas, chef des Armées impériales.] La guerre vient de commencer en Russie.

La grande-duchesse Olga *en uniforme de chef du régiment des hussards Elisabethgradsky n° 3 à veste blanche. Sa sœur Tatiana est chef du régiment des lanciers Wossnessensky n° 8.*

A Mohilev,
*au grand quartier
général des armées,
Nicolas habite
la maison du
gouverneur.
Il y séjourne parfois
avec son fils.
Les voici au bord
du Dniepr voisin.*

Le luxueux train impérial,
autrefois symbole des vacances, emmène maintenant Alexandra et ses filles vers le quartier général. Elles y logent durant leur séjour. Au fond, l'ancienne gouvernante d'Anastasia, Alexandra Tegleva.

**Toujours
dans le train,**
*sont réunis le
grand-duc Dimitri,
le tsar, la tsarine,
le grand-duc
Michel et les quatre
grandes-duchesses.
En mars 1917,
Nicolas II
abdiquera (pour lui
et son fils), en
faveur de son frère
Michel qui refusera
le trône.*

Durant un de leurs passages à Mohilev,
*Alexandra et Tatiana s'entretiennent avec des réfugiés,
et leur apportent un soutien moral.*

Avant de repartir,
*Olga, Tatiana et Anastasia rendent visite à la femme
et aux enfants d'un cheminot.*

Depuis 1915,
*Olga dispose
d'une partie
de sa fortune.
Cela lui permet
de soulager
certaines misères.
Ainsi fera-t-elle
soigner un enfant
qu'elle a rencontré
marchant avec
des béquilles
et dont les parents
sont très pauvres.*

En octobre 1915, *Alexis pose devant le train impérial. C'est dans l'un de ces wagons que son père signera l'abdication, en mars 1917.*

Accompagné des siens,
*Nicolas, durant la guerre, visite de nombreuses
institutions. Ici à Eupatoria, en Crimée.*

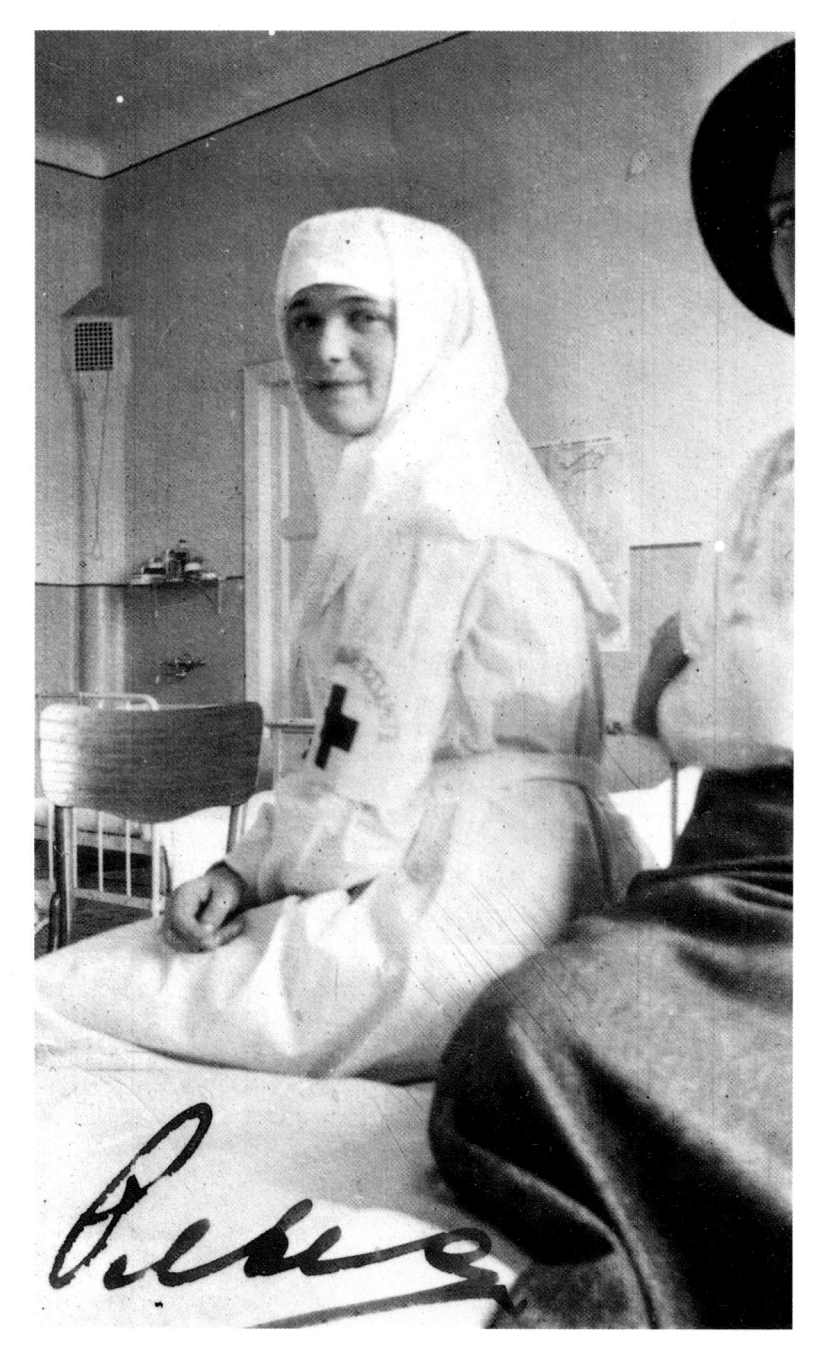

Les deux aînées secondent leur mère *dans sa lourde tâche d'infirmière. Ensemble elles soignent les blessés, et font la tournée des établissements de la Croix-Rouge.*

Le tsarévitch est également *en contact avec la souffrance humaine. En suivant son père, il côtoie les blessés, découvre les horreurs de la guerre. Tout cela le bouleverse: la douleur physique ne lui est pas inconnue...*

Contrairement à l'éducation *qu'il a reçue, Nicolas associe son fils à son action personnelle. Alexis revêt sur le front un uniforme de simple soldat. Le tsar porte à son habitude celui de colonel.*

La marche à pied
*n'effraie pas l'empereur. En 1909,
pour essayer la nouvelle tenue de l'infanterie,
il l'enfila et effectua quarante kilomètres, soit
une randonnée de neuf heures.*

Nicolas II
*retrouve parfois sur le front des représentants des
armées alliées.*

Mohilev, été 1916.
Autour du "président Alexis", de gauche à droite, le prince Eristov, le prince Igor Constantinovitch de Russie, le tsar, le grand-duc Georges, le général Voïekov, le comte Grabbe, le prince Dolgorouky, le docteur Derevenko et Pierre Gilliard.

**Passage
des troupes
en revue.**
*Le patriotisme
du tsar s'exprime
de manières
diverses :
en août 1914,
il a voulu donner
un nom slave à
Saint-Pétersbourg
et il l'a rebaptisé
Petrograd.*

Les officiers alliés
s'amusent avec Alexis qui était déjà resté sur le front
de septembre à décembre 1915 puis avait dû rentrer
à Tsarskoïe Selo. Il avait pris froid et cela
avait déclenché une nouvelle crise d'hémophilie.

Le tsarévitch
avec le général-baron de Ryckl, représentant de la
Belgique sur le front russe.

**Alexis essaye
un équipement
militaire.**
*Plus tard, durant
sa captivité,
un garde trop zélé
lui confisquera
le fusil-jouet hérité
de son père.
Il lui sera rendu
en pièces détachées
par un colonel plus
compréhensif.*

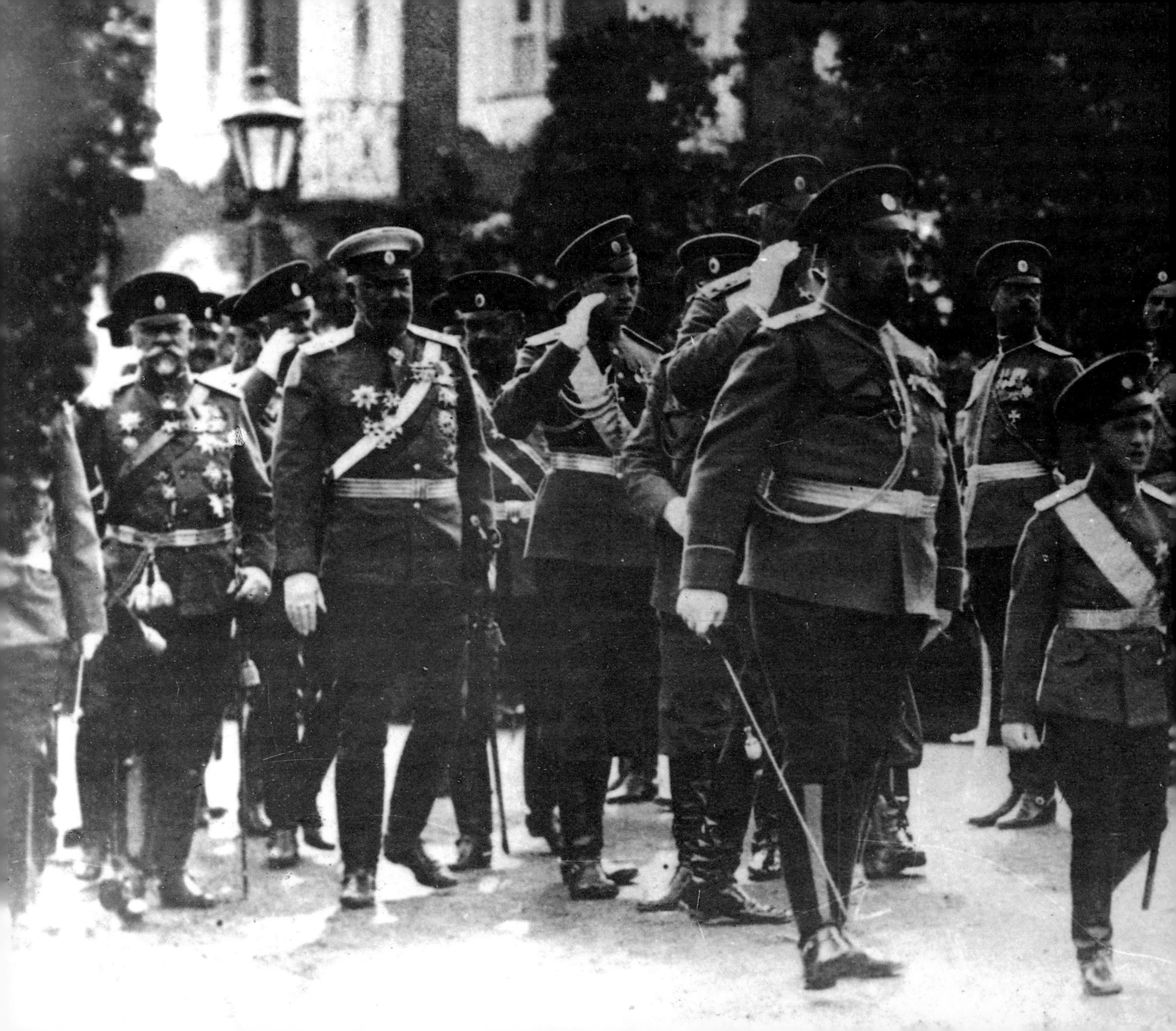

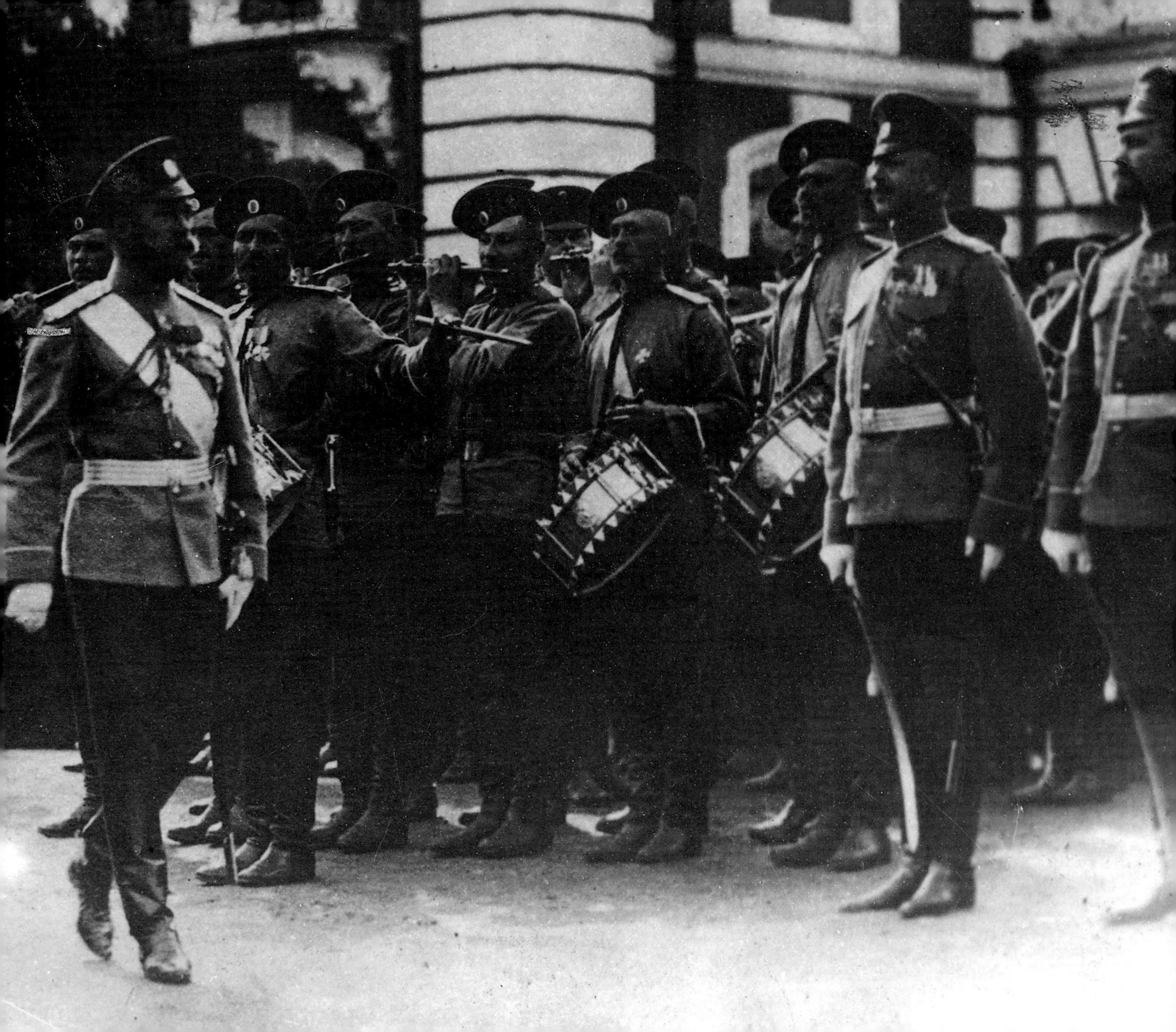

*Pages précédentes:
En compagnie de son fils,
le tsar passe en revue
le régiment Preobrajenski
appartenant à la garde impériale.*

7

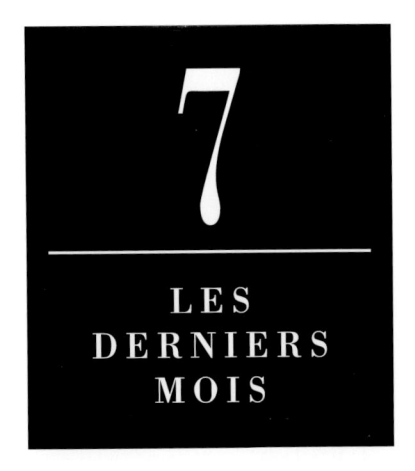

LES DERNIERS MOIS

EN QUITTANT SON TRONE "pour le bien de la Russie", le tsar pense se retirer à Livadia et y mener une existence de gentilhomme campagnard plus conforme à ses goûts personnels. Totale illusion! Dès le 20 mars, le Gouvernement provisoire décide de "retirer la liberté à l'empereur déposé et à son épouse". Le lendemain ils sont arrêtés, lui à Mohilev, ville qui abrite le quartier général du commandement en chef des Armées russes; elle, à Tsarskoïe Selo. En même temps, on relève les troupes qui gardaient le palais et on donne aux serviteurs le choix de partir ou de rester, mais prisonniers. Toutes les issues sont condamnées à l'exception de la grande porte et de celle des cuisines.

Lorsque, le 22, Nicolas II ralliera le palais Alexandre, ses retrouvailles avec Alexandra seront un moment d'intense émotion. Il peut enfin laisser parler son cœur, ne plus se composer un visage qui reflète son habituelle maîtrise de soi, partager la souffrance de ces journées cruciales. Le couple l'ignore encore, mais il lui reste à peine seize mois à vivre, seize mois d'épreuves qui portent le nom de trois prisons : Tsarskoïe Selo, Tobolsk, Iekaterinbourg.

L'histoire de cette période ressemble à une peau de chagrin. D'étape en étape, les lieux rétrécissent, les libertés diminuent, l'entourage se réduit. Au palais Alexandre, la famille impériale vit encore dans son ancien décor. La tsarine peut toujours se réfugier dans son délicieux boudoir lilas. Le tsar a la possibilité de s'activer au-dehors. La belle saison venue, il entraîne tout le monde à faire du jardinage. Chacun doit l'aider à transformer une pelouse en jardin potager, sous l'œil attentif d'Alexandra. Il s'agit avant tout de combattre l'oisiveté qui découle d'une telle situation, d'oublier les brimades quotidiennes. La plus terrible durera seize jours : pendant ce temps-là, Nicolas II sera séparé des siens qu'il n'aura le droit de rejoindre que pour les repas et le thé. Les nouveaux maîtres, très montés contre la tsarine qu'ils accusent de sympathie pour son pays natal, l'Allemagne, ont même envisagé de la séparer de ses enfants.

Comment, en ces heures tragiques, ne pas évoquer le sort de Marie-Antoinette? Les prisonniers sont les premiers à y penser. Depuis longtemps, Alexandra voue une grande admiration à l'infortunée reine de France. Est-ce pour cela que le gouvernement français a offert au couple impérial une tapisserie des Gobelins exécutée d'après un tableau de Mme Vigée-Lebrun représentant Marie-Antoinette et ses enfants? Cette très belle pièce a été suspendue dans le salon d'angle des appartements privés du palais Alexandre. En règle générale, les familles royales européennes n'ont pas oublié le sinistre destin de Louis XVI et de son épouse. La moindre émeute y fait inéluctablement penser. En Russie, les tsars et leurs proches ont déjà payé un lourd tribut dans les attentats terroristes.

Plus le filet se resserre autour des souverains, plus les grandes-duchesses sont conscientes de la gravité de la situation. Dans ses Mémoires, Pierre Gilliard ne peut s'empêcher d'établir un parallèle entre le couple royal français et celui qu'il a servi avec tant de dévouement. Le dévouement est l'un des mots-clés des seize mois de la captivité. Rien n'est plus émouvant, exception faite de la profonde cohésion familiale, que ces témoignages d'attachement et de courage donnés par le dernier carré des fidèles. Tous savent qu'ils risquent leur vie et plusieurs d'entre eux n'en réchapperont pas. Il y a aussi ces manifestations spontanées des soldats commis à la surveillance. A plusieurs reprises, les gouvernements successifs se verront obligés de changer les gardes. Motif: une certaine sympathie s'est établie entre geôliers et prisonniers. De toute évidence, le tsar et sa famille ne sont pas "les monstres assoiffés de sang" décrits par leurs ennemis. A commencer par Nicolas II dont le comportement courtois et altruiste impressionne ceux qui font sa connaissance.

Parlant de Kérenski, ministre puis chef du gouvernement provisoire, Pierre Gilliard écrit: "Je suis persuadé qu'il commence à comprendre ce qu'est l'empereur et à subir son ascendant moral, comme c'est le cas de tous ceux qui l'approchent. Il a demandé aux journaux de mettre fin à la campagne qu'ils mènent contre l'empereur et surtout contre l'impératrice..."

Il n'en demeure pas moins que les gardes ne sont pas des modèles de bonne conduite : débraillés, bruyants, souvent ivres, ils se montreront parfois d'une grossièreté insoutenable. Durant les dernières semaines, à Iekaterinbourg, ils iront jusqu'à parsemer les murs de dessins obscènes et à se poster devant les lieux les plus intimes.

Pour lutter moralement contre l'adversité, pour occuper les longues journées, le tsar a mis au point un emploi du temps. Y figurent les études du tsarévitch. Lui-même se charge de l'histoire et de la géographie; l'impératrice, de la religion; la baronne de Buxhoeveden, dame d'honneur, de l'anglais; Mlle Schneider, lectrice de la Cour, de l'arithmétique; le docteur Botkine, médecin officiel de la Cour, du russe; et Pierre Gilliard, du reste. Le premier jour de classe, ce dernier sera salué par le tsar d'un : "Bonjour, mon cher collègue."

A Tobolsk, le couple impérial a pu conserver quarante-six personnes auprès de lui: membres de la suite ou serviteurs, compagnie précieuse pour ces longs moi en Sibérie. Dans la maison du gouverneur où ils résideront d'août 1917 au printemps 1918, la captivité est encore assez supportable car la demeure est spacieuse, confortable quoique glaciale en hiver. A l'extérieur, ils ne disposent que d'un petit potager et d'une cour, espaces bien exigus pour le tsar et ses enfants. L'entourage loge dans la maison d'en face. Il

Juste après son abdication, *Nicolas se retrouve prisonnier dans sa résidence habituelle, le palais Alexandre de Tsarskoïe Selo. Séparé des siens pendant plus de deux semaines, il trompe son ennui en se promenant dans le parc enneigé.*

Rendu à sa famille, *Nicolas entraîne ses filles et son entourage à la réalisation d'un jardin potager. Son souci premier : combattre l'inactivité. Autorisés à conserver livres et papiers personnels, les Romanov peuvent lire à satiété :* Tartarin de Tarascon, Guerre et Paix, Anna Karénine, Les Trois Mousquetaires.

Une femme prématurément vieillie
mais toujours digne: la tsarine dans le parc de Tsarskoïe Selo où tous resteront jusqu'en août 1917.

A Tobolsk, *l'avant-dernière étape, une chapelle improvisée a été installée pour éviter que Nicolas et les siens ne circulent jusqu'à l'église. La foi leur apporte un soutien irremplaçable.*

jouit d'une relative liberté qui lui sera retirée peu à peu. Tous seront un jour atteints par les restrictions alimentaires. Il est à remarquer que, bien qu'étant prisonnier, l'empereur subvient personnellement aux frais généraux, à partir de février 1918, soit, par décision des révolutionnaires, 4 200 roubles mensuels prélevés sur les intérêts de sa fortune personnelle.

Les produits de luxe comme le beurre et le café seront bannis de la table impériale mais les habitants de Tobolsk, prévenus de la situation, pourront faire parvenir aux captifs des œufs, et même des sucreries et de la pâtisserie. Pour distraire la société, les enfants s'amusent à donner des spectacles. Ils montent des pièces de théâtre avec les moyens du bord et organisent de véritables représentations. Alexis et Anastasia sont les plus passionnés. Jusqu'au jour tant redouté où le tsarévitch aura une nouvelle crise d'hémophilie. Entre-temps, les fêtes de Noël ont été célébrées : la tsarine et ses filles ont tricoté elles-mêmes les gilets de laine qu'elles offrent à leur suite, à leurs domestiques. "Nous ne formions, on le sentait, qu'une grande famille", écrit Pierre Gilliard. Dans la maison Ipatiev, à Iekaterinbourg, les rares personnes admises à vivre avec la famille impériale prendront les repas à sa table. De l'extérieur, peu de nouvelles. Nicolas II reçoit parfois une lettre. La plus fidèle, celle qui écrira régulièrement et presque jusqu'à la fin sera sa sœur Olga. La jeune femme s'efforce d'apporter son soutien moral aux souverains, à leur enfants, mais parvient-elle à mesurer, malgré ses propres épreuves, ce qu'ils endurent? A-t-elle conscience que la situation empire?

Il faudra l'aide précieuse de la foi, une foi inépuisable, pour surmonter l'épreuve que, bientôt, les geôliers vont imposer aux Romanov. En avril 1918, mandaté par Moscou, le commissaire Yakovlev prévient l'empereur que lui et les siens doivent changer de résidence. Etant donné la maladie d'Alexis, on emmènera seulement le tsar. L'annonce d'une séparation plonge Alexandra dans le désarroi. Pendant des heures, elle hésite. Lui faut-il suivre son époux ou rester auprès de son fils? Finalement, Yakovlev accepte que l'impératrice et sa fille Maria accompagnant Nicolas II. Les autres les rejoindront dès que le tsarévitch pourra supporter le voyage.

Cette séparation nous vaut des lettres particulièrement déchirantes (*).

"Maman, maman chérie, tendrement aimée! écrit Olga au dimanche des Rameaux. Nous Vous serrons tous les trois ardemment dans nos bras, Vous embrassons infiniment fort et sommes avec Vous de tout cœur et de toute âme. Que le Seigneur Vous protège..."

Le ton de la tsarine n'est pas très différent:

"Nous avons été terriblement heureux en recevant le télégramme d'O.(lga). Enfin nous savons quelque chose de vous et maintenant nous attendons une lettre? Mes chères petites âmes, demain cela fera deux semaines que nous nous sommes dit au revoir!... Mes chers chéris, il est difficile d'écrire et pourtant mon cœur déborde. Je vous serre tous très fort dans mes bras et vous bénis. Mes pensées affectueuses à tous. Maman."

En mai, les enfants et ceux chargés de veiller sur eux quittent Tobolsk. Ces retrouvailles à Iekaterinbourg, sur le versant sibérien de l'Oural, marquent "le début de la fin". Moins de deux mois plus tard, à l'approche des armées blanches, tous, selon la thèse officielle, seront passés par les armes, dans le sous-sol de la maison Ipatiev et leurs corps brûlés dans une mine désaffectée. L'Europe les avait abandonnés. L'Angleterre avait eu un premier mouvement pour les réclamer, mais devant une opinion publique très montée contre l'idée d'accueillir

---

* Retrouvées par la princesse Eugénie de Grèce dans les papiers de ses parents, cousins germains de Nicolas II, Georges et Marie de Grèce, elles ont été publiées par ses soins dans son ouvrage *Le Tsarévitch enfant martyr* (Editions Perrin).

le tsar, elle y avait renoncé. Le Kaiser avait essayé d'imposer aux révolutionnaires russes, qu'il avait aidés à rentrer dans leur pays, la libération de la famille impériale, mais Lénine, s'abritant derrière l'indiscipline des soviets, se tirait de ce mauvais pas. D'ailleurs, Alexandra n'avait-elle pas dit en apprenant la démarche des Allemands: "Après ce qu'ils ont fait à l'empereur, j'aime mieux mourir en Russie que d'être sauvée par eux!"

Tout le patriotisme russe de la tsarine, tant mis en doute, s'exprime dans ces quelques mots. Il n'est plus temps pour elle cependant, de songer aux vieilles inimitiés mais de se remémorer à l'ultime instant, ces moments heureux que rien ne pourra jamais effacer: les promenades sentimentales au bord de la Tamise, les balades de nuit en traîneau, dans la neige, douillettement enveloppée dans une pelisse de fourrure, et les soupers devant le feu qui terminaient l'escapade.

Un même destin a scellé l'amour de l'"incomparable Alix" et du dernier tsar de Russie, sentiment que le futur George V décrivait ainsi, lors du mariage impérial: "Je dois avouer que je n'ai jamais vu deux êtres plus épris l'un de l'autre ni plus heureux."

Dominique Paoli, juillet 1991

En mars 1918, le tsar avait écrit:
"Ces douze mois pénibles que nous venons de passer me reviennent involontairement à la mémoire! Et quelles épreuves nous attendent encore! Nous sommes tous dans la main de Dieu! En lui seul est tout notre espoir."
Un mois plus tard ce sera le départ pour Iekaterinbourg et le drame final.

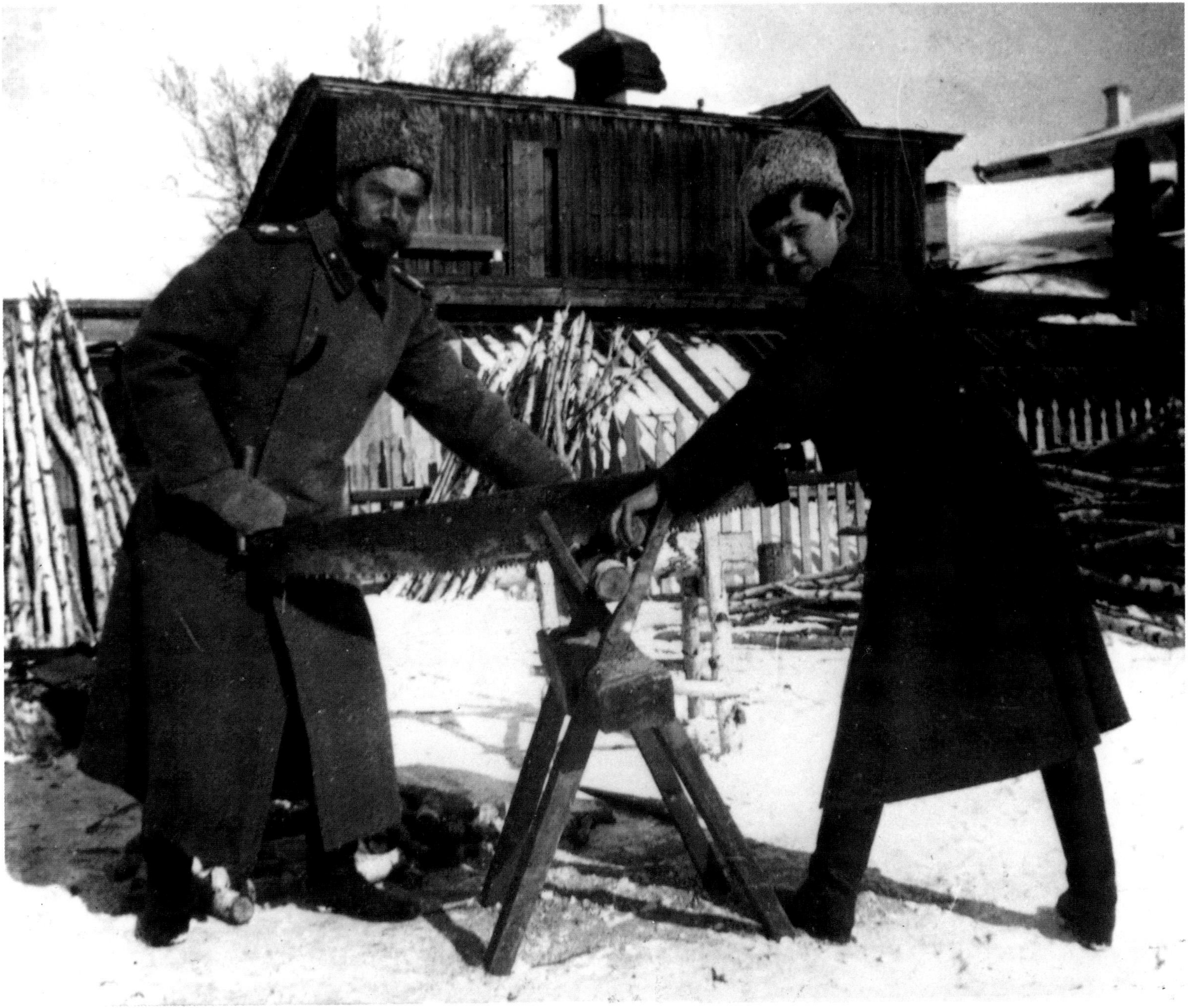

REMERCIEMENTS

Les auteurs expriment leur gratitude
à Son Altesse Impériale le grand-duc Wladimir
de Russie, de leur avoir fait l'honneur
de préfacer cet ouvrage.
Ils tiennent à remercier tout particulièrement
Muriel Jeancard, leur éditeur,
pour ses conseils et son soutien.
Elle sut croire en ce projet, et le mena à terme
dans d'excellentes conditions.
Un grand bravo à Fabrice Pernisco
pour la maquette.
Leurs remerciements vont également à Jacques
Ferrand pour l'aide et les renseignements
qu'il sut si généreusement fournir.
Marina Grey Denikine, comtesse Chiappe,
a très gracieusement prêté son concours,
ce dont ils lui sont très reconnaissants.
Le professeur Jean-Louis Medvedowsky
leur a apporté une aide appréciable
sur l'étude de l'hémophilie.

Les photographies reproduites page 73
et page 125 ont été aimablement
communiquées par Jacques Ferrand,
et par Sotheby's. Qu'ils soient ici remerciés.

POUR EN SAVOIR PLUS

LA FAMILLE IMPERIALE

Grand-duc Dimitri
Fils du grand-duc Paul, plus jeune frère d'Alexandre III, et d'Alexandra de Grèce, ce cousin germain de Nicolas II fut l'un des protagonistes de l'assassinat de Raspoutine. Envoyé en Perse où opéraient les troupes russes, il fut sauvé par cette relégation déguisée et mourut à Davos en 1941.

Grand-duc Michel
Frère cadet de Nicolas II, il avait épousé morganatiquement, en 1911, une roturière deux fois divorcée, Natalia Cheremetevskaïa. En 1917, le tsar abdiqua en sa faveur, mais Michel renonça presque immédiatement au trône. Il fut abattu à Perm, six jours avant le massacre d'Iekaterinbourg, en juillet 1918.

Grand-duc Nicolas
Neveu d'Alexandre II par son père, le grand-duc Nicolas fut commandant en chef des Armées impériales de 1914 à 1915. Une conspiration voulait en faire le régent de Russie, au début de 1917. Il mourut à Antibes en 1929. Il avait alors épousé une fille du roi Nicolas Ier de Monténégro.

Grand-duc Pierre
Frère cadet du précédent, il avait épousé la princesse Militza de Monténégro, sœur d'Anastasia. Militza amena Raspoutine à Tsarskoïe Selo le 1er novembre 1905, où elle le présenta au couple impérial. Les deux sœurs étaient adeptes de "doctrines mystiques pseudo-orientales". Néanmoins, en 1911, jugeant l'attitude du staretz inacceptable, elles lui fermèrent leur porte. La tsarine, mise en garde par leurs soins, battit froid à ses anciennes amies qui devaient mourir en exil ainsi que le grand-duc Pierre.

Grande-duchesse Maria Pavlovna
Née Marie de Mecklembourg-Schwerin, elle s'était mariée, en 1874, avec le grand-duc Vladimir, frère cadet d'Alexandre III. Elle possédait une forte personnalité, un goût de l'autorité et un grand sens artistique. Son fils aîné Cyrille avait épousé en 1905 Victoria-Melita de Saxe-Cobourg-Gotha, première épouse du grand-duc Ernest de Hesse et du Rhin, frère de la tsarine Alexandra.
Le fils de Cyrille, Vladimir, est l'actuel prétendant au trône de Russie.

L'ENTOURAGE

Docteur Eugène Botkine
Medecin de la Cour. Très apprécié par le tsar et la tsarine dont il soignait les enfants, il resta fidèle jusqu'à la fin à la famille impériale et fut massacré avec elle à Iekaterinbourg.

Lili Dehn
Epouse d'un officier qui servait sur le yacht impérial, elle était une amie de la tsarine Alexandra. En avril 1917, elle fut arrêtée à Tsarskoïe Selo puis emmenée à Petrograd et relâchée dès le lendemain. Elle ne put jamais revoir les souverains et leurs enfants.

Docteur Vladimir Derevenko
Ce jeune médecin fut plus spécialement attaché à la personne du tsarévitch, après la découverte de son hémophilie.

Matelot Derevenko
L'un des deux hommes d'équipage du Standart chargés de veiller sur le tsarévitch. Après l'abdication du tsar, il changea totalement d'attitude, se montrant autoritaire et brutalement insolent avec Alexis. Ce qui provoqua son renvoi.

Comte Vladimir Fréedéricks
Ministre de la Cour impériale et des apanages, aide de camp général de l'empereur, général de cavalerie, membre du conseil de l'Empire, cet aristocrate finlandais réglait la vie de la Cour et les cérémonies. Il appelait le tsar et la tsarine, en français, "mes enfants".
Il mourut en Finlande en 1922.

Pierre Gilliard
Précepteur de nationalité suisse. Il s'occupa d'abord des filles de Nicolas II, puis du tsarévitch. Il ne fut pas autorisé à séjourner à la Maison Ipatiev, mais resta à Iekaterinbourg où, quelques jours après le massacre, devaient arriver les armées blanches auxquelles il se rallia aussitôt. Il aida le juge d'instruction Sokolov dans ses recherches pour retrouver la famille impériale. Il devait épouser Alexandra Tegleva, ancienne gouvernante de la grande-duchesse Anastasia, et rentrer avec elle dans son pays natal. Ses mémoires sont un témoignage précieux.

Matelot Nagorny
Chargé avec Derevenko d'éviter le moindre choc au tsarévitch, il est le symbole de la fidélité à son jeune maître. S'étant une nouvelle fois rebellé contre les brimades infligées à Alexis par ses geôliers, il fut jeté dans une cellule d'Iekaterinbourg puis fusillé.

Princesse Sonia Orbeliani
Arrivée à la Cour en 1898, elle était vive et charmante. Très aimée de la tsarine, elle reçut de sa part une aide irremplaçable pendant les neuf longues années de la maladie de la colonne vertébrale qui devait l'emporter. Elle logeait, à Tsarskoïe Selo, à l'étage des enfants.

Anna Vyroubova
Dame d'honneur, amie et conseillère discutée de la tsarine, elle lui vouait une admiration passionnée. Naïve et désintéressée, elle logeait près du palais Alexandre dans un pavillon rudimentaire où le couple venait souvent passer la soirée avec elle. Inconditionnelle de Raspoutine, elle joua un rôle néfaste auprès de sa protectrice en soutenant le staretz et en servant d'intermédiaire entre Alexandra et lui. Englobée dans les ragots qui accusaient le "trio" des pires débauches et méfaits, elle fut arrêtée en même temps que Lili Dehn et transférée à la forteresse de Pierre et Paul. Jugée, elle put prouver son innocence, mais fut plusieurs fois incarcérée. Elle mourut en exil en 1964. Elle a écrit ses mémoires.

Achevé d'imprimer
et relier en février 1992
dans les ateliers de Mame,
imprimeur à Tours, France.
N° d'impression 27362
Photogravure réalisée
en deux tons par
Clair Offset à Gentilly.

Imprimé en France.